ADMINISTRATION DES DOUANES ET RÉGIES DE L'INDOCHINE

CONTROLE PAR GRADE

PERSONNEL INDIGÈNE DES DOUANES ET RÉGIES

DE L'INDOCHINE

EN SERVICE AU 1er JANVIER 1923

PUBLIÉ PAR

L'ASSOCIATION AMICALE DES AGENTS INDIGÈNES

DES DOUANES ET RÉGIES

DE L'INDOCHINE

(COMITÉ DE HANOI)

— HANOI —

IMPRIMERIE NGO - TU - HA

1923

CONTROLE PAR GRADE

DU

PERSONNEL INDIGÈNE DES DOUANES ET RÉGIES

DE L'INDOCHINE

EN SERVICE AU 1er JANVIER 1923

PUBLIÉ PAR

L'ASSOCIATION AMICALE DES AGENTS INDIGÈNES

DES DOUANES ET RÉGIES

DE L'INDOCHINE

(COMITÉ DE HANOI)

—HANOI—

IMPRIMERIE NGO-TU-HA

1923

SERVICES

DIRECTION

Secrétariat particulier   (Bureau d'Ordre)
Bureau central et du Personnel   (Personnel européen, Matricule, Archives
                                  et Retraites européennes)

Section du Personnel Indigène   (Affaires indigènes)
1er   bureau   (Douanes)
2ème bureau   (Régies)
3ème bureau   (Comptabilité et Matériel)
4ème bureau   (Contentieux)
5ème bureau   (Statistique)

TONKIN, ANNAM ET COCHINCHINE

Bureau central et du Personnel   (Bureau d'Ordre et du Personnel)
1er   bureau   (Douanes et Statistique)
2ème bureau   (Régies)
3ème bureau   (Comptabilité et Matériel)
4ème bureau   (Contentieux)

CAMBODGE

Bureau central et du Personnel   (Bureau d'Ordre, du Personnel et du
                                  Contentieux)
1er   bureau   (Douanes et Statistique)
2ème bureau   (Régies)
3ème bureau   (Comptabilité et Matériel)

LAOS

Inspection indépendante   (Service général)

ABREVIATIONS

D.   (Direction)
T.   (Tonkin)
A.   (Annam)
C.   (Cochinchine)
K.   (Cambodge)
L.   (Laos)

Bureau C. et du P.   (Bureau central et du Personnel)
P. E.   (Personnel européen)
P. I.   (Personnel Indigène)
A. & R.   (Archives et Retraites) (1)
R. sub.   (Recette subordonnée)
K. T. W.   (Kouang-Tchéou-Wan)
R. A.   (Receveur auxiliaire)

(1) Retraites des fonctionnaires européens.

SERVICE SÉDENTAIRE

CADRE SUPÉRIEUR

Commis principaux de 1ère classe
(solde annuelle : 2.400 $ 00)

Nº matricule	NOMS	DATE de naissance	DATE d'entrée dans l'Administration	DATE de la dernière nomination	RÉSIDENCE
1163	Lê-van-Quoi.....	1868	19 août 1894	1er janvier 1921	D. Sec. particulier
342	Trân-van-Nhiêu..	2 déc. 1872	1er — 1889	— 1922	C. Bureau C. et du P. - Saigon
1873	Ng.-cung-Kinh...	1er mars 1868	— 1889	— 1923	A 1er Bureau - Tourane

N° matricule	NOMS	DATE de naissance	DATE d'entrée dans l'Administration	DATE de la dernière nomination	RÉSIDENCE
			Commis principaux de 2ᵉ classe (solde annuelle : 2188$00)		
880	Mai-van-Biên....	1872	29 mars 1893	1ᵉʳ mai 1920	D Bureau C et du P (P. E.
8682	Doan-van-Tung ..	11 mai 1880	1ᵉʳ juillet 1909	1ᵉʳ janvier 1921	C Dai-Ngai (Soc-trang) - (comme R. A.
6111	Dô-duc-Khôi ...	24 octobre 1886	1ᵉʳ Avril 1904	— 1922	D 3ᵉ bureau
1271	Pham-van-An....	1ᵉʳ janvier 1873	1ᵉʳ juin 1895	— 1923	D. 5ᵉ bureau

N° matri- cule	NOMS	DATE de naissance	DATE d'entrée dans l'Administration	DATE de la dernière nomination	RÉSIDENCE
			Commis principaux de 3ᵉ classe (solde annuelle : 1976 ; 00)		
319	Ng.-duy Duong	1864	1er avril 1889	1er janvier 1920	C. 3ᵉ bur. - Saigon
1988	Nguyên-Truàn	15 sept. 1877	5 octobre 1898	1er mai 1920	D. 5ᵉ bureau
1924	Cung-dinh-Binh	1874	1er déc. 1896	1er juillet 1921	T. Bênthuy (Fat des All.) comme Gérant
1895	Mai thê-Phat	1er mars 1876	1er août 1893	1er janvier 1922	D. Secrétariat Particulier

N° matricule	NOMS	DATE de naissance	DATE d'entrée dans l'Administration	DATE de la dernière nomination	RÉSIDENCE
			Commis de 1ère classe (solde annuelle : 1.700 $ 00)		
1876	Vu-trong-Khiêm .	1er janvier 1866	27 octobre 1888	1er janvier 1922	D. 3e bureau (Matériel)

N° matricule	NOMS	DATE de naissance	DATE d'entrée dans l'Administration	DATE de la dernière nomination	RÉSIDENCE
		Commis de 2e classe (Solde annuelle : 1540 $ 00)			
5936	Tang-Huynh. . . .	2 juillet 1882	1er déc. 1903	1er janvier 1922	A bureau C. et du P. - Tourane
6714	Van-dinh-Quang .	21 nov. 1887	20 février 1905	—	D. bureau C. et du P. (P. E.)
8626	Do-huy-Canh . . .	13 avril 1888	17 mai 1909	—	D. 3e bureau
7032	Nguyên-Tao. . . .	20 août 1881	11 août 1905	—	D. 4e bureau
1894	Phan-huy-Dai. . .	12 déc. 1877	1er sept. 1897	—	D. Bureau C. et du P. (Matricule)
5546	Duong-tàn-Thiên .	1880	10 avril 1903	1er Janvier 1923	C. Recette-Comptable - Saigon
8934	Lê-van-Y	1890	15 juin 1910	—	D. 3e bureau

N° matricule	NOMS	DATE de naissance	DATE d'entrée dans l'Administration	DATE de la dernière nomination	RÉSIDENCE
			Commis de 3e classe		
			(solde annuelle : 1.320 $ 00)		
4728	Nguyên-van-Tiên.	11 avril 1886	20 août 1902	1er janvier 1919	C. Baria
6715	Nguyên-van-Toan	12 nov. 1880	1er mars 1905	—	A. Quinhon (Commis d'ordre
1991	Tràn-ba-Cung....	5 juillet 1880	1er février 1899	1er juillet 1919	D. 3e bureau
4011	Lê-huu-Con......	1883	5 juillet 1901	1er janvier 1920	D. 1er bureau

No matricule	NOMS	DATE de naissance	DATE d'entrée dans l'Administration	DATE de la dernière nomination	RÉSIDENCE
	Commis de 4e classe (Solde annuelle : 1210 $ 00)				
10267	Tran-dinh-Dai.. .	30 sept. 1899	20 sept. 1922	20 sept. 1922	T. Hanoi (R. sub.)
10268	Tran-thanh-Dat	18 déc. 1891			Mis hors cadres pour être détaché à la Résidence Supérieure à Hué (Arrêté du 3 Octobre 1922).

N° matricule	NOMS	DATE de naissance	DATE d'entrée dans l'Administration	DATE de la dernière nomination	RÉSIDENCE
			Commis de 5e classe (solde annuelle : 1.100 $ 00)		
9529	Nguyên-van-Tac	21 avril 1892	31 déc. 1913	2 déc. 1920	D. 5e bureau
10271	Nguyên-dang-Sinh	13 juillet 1895	18 sept. 1922	18 sept. 1922	D. 5e bureau
10269	Ng.-xuân-Kiên	1897	19 sept. 1922	19 sept. 1922	T. 3e bureau - Haiphong
10270	Nguyên-chi-Thuc	11 nov. 1902	—	—	T. Vérification - Haiphong

N° matricule	NOMS	DATE de naissance	DATE d'entrée dans l'Administration	DATE de la dernière nomination	RÉSIDENCE

CADRE SECONDAIRE

Secrétaires principaux hors classe
(Solde annuelle : 1540 $ 00)

N° matricule	NOMS	DATE de naissance	DATE d'entrée dans l'Administration	DATE de la dernière nomination	RÉSIDENCE
422	Tac-duc-Thanh. .	1869	25 octobre 1890	1er Juillet 1922	D. 3e Bureau
919	Ng.-công-Hiêm. .	27 Août 1872	1er Juillet 1893	1er Janv. 1923	C. 3e B. Saigon

No matricule	NOMS	DATE de naissance	DATE d'entrée dans l'Administration	DATE de la dernière nomination	RÉSIDENCE

Secrétaires principaux de 1ʳᵉ classe

(Solde annuelle : 1320 $ 00)

No matricule	NOMS	DATE de naissance	DATE d'entrée dans l'Administration	DATE de la dernière nomination	RÉSIDENCE
1877	Nguyên-van-Ho. .	11 janvier 1870	18 juin 1894	1er janvier 1920	A. Faïfoo
894	Césario, Jules . . .	20 février 1875	24 avril 1893	1er mai 1920	C. 3e B. - Saigon
1880	Diêp-xuân-Lê. . . .	10 sept. 1867	1er juillet 1893	1er janvier 1921	T. Recette Comptable - Haiphong
553	Lê-cong-Thanh . .	25 décem. 1871	25 juin 1891	1er janvier 1922	C. En congé administratif
1887	Hoang-dinh-Minh.	23 octobre 1866	26 mai 1898	—	D. Bureau C. et du P. (P E.)
1882	Y-bou-Vand.	25 juin 1871	1er juillet 1893	1er juillet 1922	T. Fort - Bazard (K. T. W.)
1038	Nguyên-van-Cong	16 avril 1870	1er janvier 1894	1er janvier 1923	K. 3e Bureau — Pnompenh

No matricule	NOMS	DATE de naissance	DATE d'entrée dans l'Administration	DATE de la dernière nomination	RÉSIDENCE

Secrétaires Principaux de 1ère classe
(solde annuelle : 1.320 $ 00)
(suite)

N° matricule	NOMS	DATE de naissance	DATE d'entrée dans l'Administration	DATE de la dernière nomination	RÉSIDENCE
	Secrétaires principaux de .e classe				
	(solde annuelle : 1144 $ 00)				
1467	Nguyên-van-Vung.	13 mai 1878	16 août 1896	1er mai 1920	K. Kompong-Tiam
1885	Pham-q -Khanh..	21 août 1872	1er mai 1897	1er janvier 1921	D 3e bureau
1644	Ng.-trung-Hiêu..	1875	1er mars 1898	1er janvier 1922	C. Section A - Saigon
1910	Mai-thê-Phan ...	1874	1er juillet 1894	1er juillet 1922	
831	Lê-van-Chi.....	1871	14 janvier 1893	—	T. 3e B. Haiphong
1501	Long-Kim	2 février 1876	19 nov. 1896	—	C Lai-Thien (Thu dâu-mot)
1893	Phan-van-Tung..	18 déc. 1870	1er mai 1895	1er janvier 1923	C. Section B- Saigon D. 5e bureau

N° matricule	N O M S	DATE de naissance	DATE d'entrée dans l'Administration	DATE de la dernière nomination	RÉSIDENCE

Secrétaires principaux de 2ᵉ classe
(solde annuelle : 1144 $ 00)
(*suite*)

Secrétaires principaux de 3ᵉ classe
(Solde annuelle : 1074 $ 00)

N° matricule	NOMS	DATE de naissance	DATE d'entrée dans l'Administration	DATE de la dernière nomination	RÉSIDENCE
1886	Mai-cuu-Hung...	8 déc. 1873	15 nov. 1890	1er juillet 1918	T. Section C - Haiphong
1932	Nguyên-van-Cau .	18 nov. 1874	1er févri. 1895	1er janvier 1919	T. Nam-dinh
2047	Mai-van-Nghia...	1871	2 octobre 1899	1er janvier 1921	D. B. C. et du P. (Matricule)
1289	Vuong-quoc-Tu...	10 octobre 1874	14 mars 1895	1er juillet 1921	C. My-tho
3010	Ngô-nhu-Bao . . .	2 mai 1875	25 mars 1900	1er janvier 1922	A. 4e B. - Tourane
1407	Ba...............	16 nov. 1875	1er janvier 1895	1er janvier 1923	K. 3e Bureau - Pnompenh
1915	Tran-ngoc-Co ...	1870	1er janvier 1900	—	C. En congé administratif
1921	Tran-van-Chinh .	11 nov. 1870	31 déc. 1895	—	T. Recette Comptable Haiphong

N° matri- cule	N O M S	DATE de naissance	DATE d'entrée dans l'Administration	DATE de la dernière nomination	RÉSIDENCE

Secrétaires principaux de 3ᵉ classe
(solde annuelle : 1074 $ 00)
(*suite*)

No matricule	NOMS	DATE de naissance	DATE d'entrée dans l'Administration	DATE de la dernière nomination	RÉSIDENCE
	Secrétaires principaux de 4e classe				
	(Solde annuelle : 996 $ 00)				
1911	Tran-van-Mau . . .	14 mars 1875	10 février 1898	1er janvier 1918	A. Phu-Cam (Hué)
3266	Truong-van-Nga. .	3 nov 1878	6 sept. 1900	1er juillet 1918	C. Baixau (Soctrang)
3935	Dang-cong-Xuyên	29 avril 1883	27 juin 1901	1er janvier 1919	C. B. C. et du P. Saigon
3220	Tran-van-Ky . . .	15 déc. 1884	4 sept. 1900	1er mai 1920	C. 3e B. - Saigon
1453	Thomas Thé . . .	1865	1er août 1896	1er janvier 1921	C. 4e B. - Saigon
5548	Phan-van-Hiêp. . .	23 mars 1885	10 juin 1903	1er janvier 1921	C. B. C. et du P. Saigon
3357	Tran-van-Cai. . . .	1882	21 nov. 1900	1er juillet 1921	—
1936	Tran-gia-Trong . .	25 sept. 1869	15 février 1899	1er janvier 1921	C. En congé administratif
1933	Tran-van-Minh . .	24 nov. 1872	1er juillet 1894	—	T. Hai-Lang (Nam-Dinh)
1796	Ng.-van-Tiêng . . .	28 juin 1871	1er août 1899	1er juillet 1922	C. Manuf. d'opium Saigon
3949	Thai-van-Minh . .	10 février 1883	1er juillet 1901	—	T. B. C. et du P Haiphong
1712	Ng.-van-Trinh. . .	2 février 1871	26 mai 1891	1er janvier 1923	C. Cântho
892	Hô-van-Bau.	15 octobre 1899	17 avril 1893	—	C. Vérification Saigon
1967	Dinh-tat-Dat. . . .	15 mars 1869	5 mai 1897	—	T. En congé de couvalescare
4134	Nguyên-van-Thu.	6 juillet 1870	25 sept. 1901	—	D, 5e bureau
1914	Nguyên-van-Yên.	20 avril 1868	1er janvier 1900	—	C. Rachgia
1972	Nguyên-ba-Luc . .	2 sept. 1872	10 déc. 1899	—	T. Yên-Bay
5338	Nguyên-huu-Bich.	juin 1883	1er février 1903	—	D. 4e Bureau
1925	Pham-ba-Liên. . .	10 octobre 1870	9 février 1898	—	T. Quât-Lâm (Vanly
6274	Pham-van-Giao . .	22 octobre 1886	25 mai 1904	—	L. Viêntiane (Indép.
7897	Dao-quang-Thuy .	1884	25 avril 1907	—	D. Section du P. 1.

N° matricule	N O M S	DATE de naissance	DATE d'entrée dans l'Administration	DATE de la dernière nomination	RÉSIDENCE

Secrétaires principaux de 4ᵉ classe
(Solde annuelle : 996 $ 00)
(suite)

N° matricule	N O M S	DATE de naissance	DATE d'entrée dans l'Administration	DATE de la dernière nomination	RÉSIDENCE

Secrétaires principaux de 4ᵉ classe
(solde annuelle : 996 $ 00)
(suite)

N° matricule	N O M S	DATE de naissance	DATE d'entrée dans l'Administration	DATE de la dernière nomination	RÉSIDENCE

Secrétaires principaux de 4e classe
(Solde annuelle : 996 $ 00)
(*suite*)

Secrétaires de 1ère classe
(Solde annuelle : 918 $ 00)

N° matricule	NOMS	DATE de naissance	DATE d'entrée dans l'Administration	DATE de la dernière nomination	RÉSIDENCE
1833	Ng.-phuong Tra.	2 février 1876	18 nov. 1898	1er juillet 1919	C. 4e B. Saigon
1946	Vuong-van-Liêu	15 avril 1876	1er janvier 1901	—	C. Mytho
1757	Nguyên-manh-Ho	17 nov. 1873	1er janvier 1899	1er janvier 1920	C. Recette comptable Saigon
2054	Huynh-van-Tiêt	1881	1er déc. 1899	—	C. Long-xuyên
1916	Doan-van-Nhiêu	1871	1er janvier 1900	1er janvier 1921	C. Travinh
3023	Tran-van-Gian	1878	19 janvier 1900	—	T. 4e B. Haiphong
1338	Tran van-Thinh	15 juillet 1869	21 oct. 1895	—	C. Cholon
2059	Ng.-huu-Thanh	1er nov. 1876	1er déc. 1899	—	D. 3e Bureau
2012	Lam-quan-Sanh	1876	15 mai 1898	—	K. Vérification Pnompenh
5929	Nguyên-van-Tu	1885	1er déc. 1903	—	D. B. C. et du P (Archives)
3028	Ng.-dinh-Thinh	12 août 1878	21 mars 1900	1er juillet 1921	D. 2e Bureau
2049	Nguyên-viêt-Dung	23 mai 1881	10 oct. 1899	—	A. Quang-Tri
6006	Nguyên-van-Dinh	6 mars 1883	25 janvier 1904	—	D. 2e Bureau
1954	Do-van-Lê	11 sept. 1873	1er juin 1898	—	T. 3e B. Haiphong
3241	Trinh-van-Tao	28 mai 1880	5 juillet 1900	—	T. Moncay
1965	Nguyên-Liêu	25 nov. 1874	1er juillet 1898	1er janvier 1922	T. Nam-dinh
1392	Hock	20 janvier 1875	1er février 1896	—	K. Takeo
1974	Dang-van-Vang	31 août 1880	1er janvier 1900	—	C. Recette comptable Saigon
2897	Ngô-van-Tan	1er mai 1882	1er mai 1900	—	K. Stung-Treng
2040	Dô-manh-Sinh	15 juin 1880	10 août 1899	—	T. Hatrai (Vanly)
5765	Nguyên-ba-Tuân	4 nov. 1882	1er oct. 1903	—	D. Secrétariat Particulier
6696	Lê-quang-Khuê	1885	14 mars 1905	—	D. 3e Bureau
1642	Ng.-ngoc-Châu	26 octobre 1870	20 février 1898	1er juillet 1922	A. Honecohé
6112	Chu-van-Thông	10 avril 1885	1er avril 1904	—	D. 3e Bureau
6241	Vu-van-Nghia	6 nov. 1884	1er mai 1904	—	D. 3e Bureau
4012	Vu-duc-Vi	20 juillet 1881	20 juillet 1901	—	T. Thai-binh
3390	Lê-van-Ngoc	13 janvier 1886	21 déc. 1900	—	C. B. C. et du P Saigon
7404	Nguyên-van-Thai	25 janvier 1877	18 avril 1906	—	D. 3e B. Matériel
1996	Truong-v-Hoanh	1878	16 août 1898	—	T. Hatinh
6558	Lê-van-Phung	15 octobre 1879	10 déc. 1904	—	D. Secrétariat Particulier
3926	Trân-van-Ky	26 mars 1880	1er juillet 1900	1er janvier 1923	C. B. C. et du P. Saigon
2045	Dô-van-Qui	16 juin 1876	1er sept. 1899		K. Kompong-Trach
3030	Trân-duc-Hoi	25 avril 1873	18 juin 1900	—	T. Recette comptable Haiphong
3943	Hô-Chuong	15 juin 1878	17 juin 1901	—	A. B. C. et du P. Tourane
1976	Ng.-van-Hang	20 avril 1873	1er janvier 1900	—	C. Biên-Hoa
7022	Nguyên-long-Van	15 juin 1879	15 juillet 1905	—	K. B. C. et du P. Pnompenh
7537	Nguyên-nhu-Chat	9 avril 1877	5 juin 1906	—	T. B. C. et du P. Haiphong
1980	Huynh-van-Hung	23 sept. 1880	1er janvier 1900	—	C. Tây-Ninh
2753	Nguyên-nhut-Tan	1er février 1880	22 déc. 1897	—	A. Phan-thiêt
7701	Mai-van-Tê	20 déc. 1883	20 oct. 1906	—	D. 3e Bureau

No matricule	NOMS	DATE de naissance	DATE d'entrée dans l'Administration	DATE de la dernière nomination	RÉSIDENCE

Secrétaires de 1ère classe
(Solde annuelle : 918 $ 00)
(suite)

No matricule	NOMS	DATE de naissance	DATE d'entrée dans l'Administration	DATE de la dernière nomination	RÉSIDENCE
4328	Lê-van-Lung...	24 juillet 1883	1er janvier 1902	1er janvier 1923	T. 3e B. Haiphong
2145	Tran-van-Vang..	6 nov. 1891	1re juillet 1911	—	C. B. C. et du P. Saigon
1999	Nguyên-tan-Yên..	1er mai 1874	1er février 1899	—	A. 4e B. Tourane
1950	Lam-van-Voanh..	1er juin 1875	1er janvier 1900	—	C. Rachgia
4868	Ngô-van-Tha ...	1er juillet 1884	4 juillet 1923	—	D. 5e Bureau

No matricule	NOMS	DATE de naissance	DATE d'entrée dans l'Administration	DATE de la dernière nomination	RÉSIDENCE

Secrétaires de 1ère classe
(Solde annuelle : 918 $ 00)
(suite)

N° matricule	N O M S	DATE de naissance	DATE d'entrée dans l'Administ.ation	DATE de la dernière nomination	RÉSIDENCE

Secrétaires de 1ère classe
(Solde annuelle : 918 $ 00)
(*suite*)

N° matricule	NOMS	DATE de naissance	DATE d'entrée dans l'Administration	DATE de la dernière nomination	RÉSIDENCE

Secrétaires de 1ère classe
(Soldé annuelle : 918 $ 00)
(suite)

N° matricule	NOMS	DATE de naissance	DATE d'entrée dans l'Administration	DATE de la dernière nomination	RÉSIDENCE

Secrétaires de 2ème classe
(Solde annuelle : 840 $ 00)

N° matricule	NOMS	DATE de naissance	DATE d'entrée dans l'Administration	DATE de la dernière nomination	RÉSIDENCE
4695	Nguyên-van-Ba . .	4 février 1880	5 août 1902	1er juillet 1919	C. Recette comptable Saigon
3742	Pham-van-Thu . .	10 août 1879	16 avril 1901	—	A. 3e B. Tourane
3995	Ng.-van-Miêng. . .	11 nov. 1880	1er août 1901	1er janvier 1920	A. 3e B. Tourane
4228	Hoang-kim-Khanh	10 août 1879	12 nov. 1901	—	T. Dông - Dang (Lang-Son
3265	Hô-hiêu-Thuân . .	11 avril 1882	29 août 1900	—	C. Cholon
3893	Ng.-huy-Chuyên. .	5 janv. 1880	1er juin 1901	1er mai 1920	T. Tiên-Tri (Ha-tinh
3965	Vo-khac-Doan . . .	2 fév. 1881	4 juillet 1901	—	A. Phanthiêt
2050	Nguyên-van-Thao	22 fév. 1880	1er octobre 1899	—	T. Recette comptable Haiphong
4858	Nguyên-van-Tan .	1883	1er sept 1902	—	C. Cholon
4024	Lê-van-Thoi	26 déc. 1865	2 août 1901	—	C. Manuf. d'opium Saigon
6800	Nguyên-van-My . .	20 déc. 1887 Interruption de service : 9 mois et 19 jours	9 mai 1905	1er janvier 1920	D. 3e Bureau
3317	Ng.-huu-Thanh . .	18 sept. 78	24 sept. 1900	1er janvier 1921	A. 3e B. Tourane
5487	Nguyên-khac-Hoa.	15 mars 1883	21 mai 1903	—	A. Quinhon
2000	Dang-Thanh	15 octobre 1871	1er août 1901	—	A. En congé administratif
1547	Chim.	mai 1875	19 mars 1897	—	K. B. C. et du P. Pnom-Penh
2064	Ng.-van-Tuong. . .	17 sept. 1880	1er janvier 1900	—	C. Recette comptable Saigon
1277	Phan-van-Manh . .	14 juillet 1874	1er juin 1895	—	C. Châudôc
6247	Cao-Khauh	10 oct. 1885	1er mai 1904	—	T. 3e B. Haiphong
1497	Shun	1873	15 octobre 1896	—	K. Pursat
3538	Nguyên-van-Nghi.	10 janv. 1877	1er février 1901	—	C. Vérification Saigon
4084	Nguyên-doan-Khai	20 juin 1869	5 août 1901	—	C. 3e B. Saigon
4112	Trân-van-Sanh . .	13 juin 1878	20 sept. 1901	—	C. Tânchâu (châu dôc
5245	Vuong-van-Ho . .	15 nov. 1878	1er janvier 1903	1er juillet 1921	C. Longmy (Rach gia)
1821	Ng.-van-Trinh . .	3 mars 1878	28 juin 1899	—	C. Phuoc-Hai (Baria
4659	Lê-tri-Tho	25 déc. 1879	12 juin 1902	—	K. B. C. et du P. Pnom-Penh
4856	Hoang-van-Minh .	26 juin 1886	29 octobre 1902	—	T. 3e B. Haiphong
1987	Nguyên-lui-Ky . .	1er janvier 1882	14 déc 1898	—	T. Port Wallut
6277	Pham-van-Giap. .	1873	15 juin 1904	—	T. 4e B. Haiphong
2006	Truong-van-Tuan	2 sept. 1876	22 juillet 1898	—	A. Phanrang
6054	Trân-van-Hô . . .	mai 1886	25 février 1904	—	T. Vanly
5721	Lê-dinh-Oanh . . .	12 juin 1883	1er août 1903	—	D. Secrétariat Particulier
5644	Trinh-ngoc-Chang	21 déc. 1881	1er août 1903	1er janvier 1922	T. Vanly
3545	Nguyên-trong-Yên	1er nov. 1880	16 fév. 1901	—	T. Vérification Haiphong
1983	Nguyên-tan-Buu. .	10 déc. 1873	7 nov. 1898	—	C. 3e B. Saigon
2024	Trân-huu-Tri . . .	15 mars 1875	11 mai 1899	—	A. Lai-An (Hué)
8974	Nguyên-van-Giu. .	18 janv. 1890	1er sept. 1910	—	D. Secrétariat Particulier

Secrétaires de 2ème classe
(Solde annuelle : 840 $ 00)
(suite)

N°. matricule	NOMS	DATE de naissance	DATE d'entrée dans l'Administration	DATE de la dernière nomination	RÉSIDENCE
8857	Do-chi-Khanh . . .	1888	28 février 1910	1er janvier 1922	D. Section du P. I.
3006	Nguyên-van-Nham	15 sept. 1881	24 août 1900	—	C. Duong-Dông
1942	Wan-Sang	20 août 1872	1er sept. 1893	—	A. Nha-trang
6563	Phan-huu-Xuân. .	30 mars 1889	7 nov. 1904	—	K. 1er Bureau Pnom-Penh
065	Nguyên-van-Loi. .	22 sept. 1878	1er janvier 1900	—	C. 3e B. Saigon
7909	Lê-ngan-Kiêu. . .	15 fév. 1886	16 avril 1907	—	C. Recette comptable Saigon
6171	Nguyên-van-Huu .	10 janv. 1879	15 avril 1904	—	A. Bureau C. et du P. Tourane
7678	Trân-quang-Thiêu	1885	28 sept. 1906	—	T. Ninh-Bînh
4285	Lê-thanh-Quê . . .	2 janv. 1880	1er déc. 1901	—	D. 5 Bureau
4669	Tô-van-Luong . . .	juin 1885	3 juillet 1902	—	T. Section B. Haiphong
1907	Trân-van-Muong .	15 mai 1873	1er avril 1893	—	A. Lê-Uyên (Xuân-day)
8047	Dinh-xuân-Tiên. .	1883	24 octobre 1907	—	D. Bureau C. et du P. (Matricule)
7309	Nguyên-trong-Thu	1882	1er février 1906	—	T. Thât-Khê (Lang-son)
6242	Trinh-van-Dang .	28 déc. 1886	1er mai 1904	1er juillet 1922	A. Faïfoo
8144	Trân-van-Diêu. . .	18 janv. 1887	6 janvier 1908	—	C. Bureau C. et du P. Saigon
2959	Nguyên-van-Ky . ,	août 1882	1er juin 1900	—	C. Soc-trang
3393	Huynh-van-Vung.	1er avril 1883	22 octobre 1900	—	A. Nha-trang
4299	Ng.-van-Nguyên .	4 mars 1880	5 février 1902	—	T. Thanh-Hoa
6882	Nguyên-van-Tuê .	1886	6 juin 1905	—	T. 3e B. Haiphong
2824	On-van-Cang. . .	1881	1er avril 1900	—	C. Baria
8811	Ng.-van-Thanh . .	1891	14 janvier 1910	—	D. Secrétariat Particulier
2015	Lê-phuoc-Tuong .	1866	1er juin 1899	—	C. Bentré
1998	Ng.-dinh-Huyên .	6 mars 1873	1er février 1899	—	T. Phu-Nghia
8484	Nguyên-huu-Cân .	5 mai 1886	6 déc. 1908	—	D. (Cabine téléphonique)
4789	Ng.-van-Chuong .	15 août 1882	15 sept. 1902	—	A. 3e B. Tourane
2038	Ng.-xuân-Chi. . . .	21 oct. 1870	7 août 1899	—	T. Lac-quân (Nam-dinh)
8771	Nguyên-ba-Pho. .	25 avril 1893	29 octobre 1909	—	D. 2e Bureau
2026	Trân-huu-Thanh.	15 juin 1874	1er juin 1899	—	A. Entrepôt Quinhon
8018	Ng.-công-Thanh .	16 oct. 1887	30 sept. 1907	—	T. 1er B. Haiphong
5542	Ung-cam-Phuc. . .	14 janv. 1886	1er juillet 1903	1er janvier 1923	T. Cac-Ba
2752	Nguyên-van-Sang.	28 déc. 1878	8 janvier 1900	—	C. Recette comptable Saigon
4096	Nguyên-van Van .	15 mai 1873	9 sept. 1901	—	C. 4e B. Saigon
4205	Huynh-ng.-Luong	1879	5 nov. 1901	—	C. R.Sub. Saigon
2039	Trân-van-Tu. . . .	2 janv. 1872	20 juillet 1899	—	A. Quang-khê
8765	Hô-van-My	15 juill. 1889	15 octobre 1909	—	K. B. C. et du P. Pnom-Penh
5708	Phan-thanh-Canh .	2 nov. 1878	15 juillet 1903	—	A. Rue comptable Tourane
4195	Ng.-van-Trung. . .	2 sept. 1883	15 sept. 1901	—	T. Phu-lang-Thuong

No atricule	NOMS	DATE de naissance	DATE d'entrée dans l'Administration	DATE de la dernière nomination	RÉSIDENCE
		Secrétaires de 2ème classe (Solde annuelle : 840 $ 00) *(suite)*			
5275	Trân-ba-Mui. . . .	2 février 1882	1er fév. 1903	1er janvier 1923	A. Phanrang
7833	Lê-van-Ung. . . .	5 mai 1879	8 février 1907	—	T. B. C. et du P. Haiphong
4218	Bach-huy-Ru. . . .	1er octobre 1880	16 nov. 1901	—	T. Haiduong
2062	Ng.-thê-Chung . .	21 juillet 1878	1 e déc. 1899	—	T. Hung-yên
3790	Trân-phuoc-Phan.	1883	20 mai 1901	—	C. Hatiên
4488	Hô-van-Loi.	6 avril 1881	25 avril 1902	—	C· Lovoi (Baria)
4347	Ng.-van-Chanh. .	15 sept. 1879	1er juin 1902	—	K. Recette comptable Pnom-Penh
6426	Lê-dinh-Tiên . . .	1er juillet 1880	22 sept. 1904	—	T. 3e B. Haiphong
3693	Nguyên-van-To .	17 sept. 1881	10 avril 1901	—	C. Gocông
3313	Trân-van-Tham. .	1879	15 octobre 1900	—	C. 3e B. Saigon
6535	Huynh-ng.-Thanh	16 février 1883	1er nov. 1904	—	A. Brigade active Tourane
2041	Trân-van-Vinh. . .	6 juin 1873	17 août 1899	—	T. Phu-ninh-giang (Haiduong)
6235	Ngô-dang-Mai . . .	23 mars 1883	27 mai 1804	—	T. Thuong-xa (Bên-thuy
8142	Nguyên-huu-Giu .	20 fév. 1889	8 janvier 1908	—	D. B. C. et du P. (Matricule)

No matricule	NOMS	DATE de naissance	DATE d'entrée dans l'Administration	DATE de la dernière nomination	RÉSIDENCE
		Secrétaires de 2ème classe (Solde annuelle : 840 $ 00) (suite)			

No matricule	NOMS	DATE de naissance	DATE d'entrée dans l'Administration	DATE de la dernière nomination	RÉSIDENCE

Secrétaires de 2ème classe
(Solde annuelle : 540 $ 00)
(suite)

N° matricule	NOMS	DATE de naissance	DATE d'entrée dans l'Administration	DATE de la dernière nomination	RÉSIDENCE

Secrétaires de 2ème classe
(Solde annuelle : 840 $ 00)
(suite)

N° matricule	NOMS	DATE de naissance	DATE d'entrée dans l'Administration	DATE de la dernière nomination	RÉSIDENCE

Secrétaires de 2ème classe
(Solde annuelle : 840 $ 00)
(suite)

Secrétaires de 3ème classe

(Solde annuelle : 762$00)

N° matricule	NOMS	DATE de naissance	DATE d'entrée dans l'Administration	DATE de la dernière nomination	RÉSIDENCE
5425	Lê-quang-Lang . .	31 janvier 1882	22 avril 1903	1er juillet 1919	C. Manuf. d'opium Saigon
3320	Trân-duy-Viên . .	18 mai 1879	1er oct. 1900	—	T. Hatinh
6183	Ngac-van-Phuc . .	1887	1er mai 1904	—	T. Phu-Tho
5831	Ng.-ngoc-Giai . . .	1878	1er nov. 1903	—	T. Cac-Ba
4382	Phan-van-So. . . .	31 mars 1882	21 février 1902	—	K. Kompong-Bay
6729	Trân-van-Minh . .	7 février 1889	18 mars 1905	—	C. 3e Bureau Saigon
6312	Ng.-van-Thanh . .	21 avril 1886	18 juin 1904	—	C. 3e Bureau Saigon
6439	Ng.-trong-Bau . . .	4 juin 1886	7 sept. 1904	—	C. 3e Bureau Saigon
5968	Vu-van-Tuu	19 janvier 1885	18 janvier 1904	—	T. Ta-Lung (Cao-Bang)
6371	Nguyên-van-Tiêp.	20 sept. 1884	15 juillet 1904	1er janvier 1920	T. 3e Bureau Haiphong
5276	Ng.-van-Phuong. .	16 avril 1884	6 février 1903	—	C. Rtte comptable Saigon
5561	Phan-huu-Khanh.	1885	16 mai 1903	—	K. Rtte comptable Pnom-Penh
5945	Cao-van-Niên . . .	7 juillet 1882	1er octobre 1903	—	A. Mavang (Phanrang)
4497	Thai-van-Buu . . .	1882	1er mai 1902	—	K. Banam
7682	Trân-ba-Quat . . .	5 août 1886	28 sept. 1906	—	A. Cumông
5645	Trân-minh-Thiên	1er janvier 1872	1er août 1903	—	T. Backan
1584	Huynh-van-Ky. . .	14 octobre 1879	1er avril 1897	—	K. Rtte comptable Pnom-Penh
3244	Nguyên-ba-Sang .	6 sept. 1878	30 août 1900	—	A. Lai-An (Huê)
7583	Huynh-Nhon . . .	20 juillet 1882	1er juillet 1906	—	A. Quinhon
5458	Trân-van-Thinh .	15 sept. 1883	6 avril 1903	—	T. Vérification Haiphong
6786	Hoang-dinh-Diên.	2 février 1883	1er avril 1905	—	T. Bênthuy
5740	Quan-huu-Nghia. .	1877	1er sept. 1903	—	T. Ateliers. Haiphong
6276	Nguyên-van-Mang	1er janvier 1876	1er juin 1904	—	A. 3e Bureau Tourane
6482	Hoang-van-Phac .	1er déc. 1883	12 octobre 1904	—	A. Sahuynh
6790	Lê-ngoc-Chung. .	1886	25 avril 1905	—	C. 2e Bureau Saigon
4056	Trân-buu-Vi. . . .	15 nov. 1859	1er août 1901	1er mai 1920	C. Rtte comptable Saigon
4091	Tang-trong-Nghe .	8 juin 1882	1er juillet 1901	—	T. Rtte comptable Haiphong
3488	Nguyên-chon-Ky .	1er août 1877	9 janvier 1901	—	C Inspection Saigon
4182	Thai-quang-Diêu .	12 mars 1880	10 octobre 1901	—	A. Phanri
3613	Trân-huu-Huyên .	20 juin 1872	8 mars 1901	—	A. Rtte comptable Tourane
7848	Nguyên-dang-Sam.	1889	1er mars 1907	—	T. Phu-Nghia
7089	Nguyên-dinh-Siêu.	27 mai 1882	1er sept. 1905	—	T. Thai-Binh
6148	Trân-van-Lôc. . .	15 mai 1885	13 avril 1904	—	T. 3e Bureau Haiphong
4147	Ng.-van-Cuong. .	10 avril 1878	11 octobre 1901	—	C. Chaudôc

Secrétaires de 3ème classe
(Solde annuelle : 762 $ 00)
(*suite*)

N° matricule	NOMS	DATE de naissance	DATE d'entrée dans l'Administration	DATE de la dernière nomination	RÉSIDENCE
6849	Cao-van-An . . .	3 juillet 1886	1er avril 1905	1er janvier 1921	K. 2e Bureau Pnom-Penh
6577	Nguyên-van-Giu .	7 mars 1879	22 déc. 1904	—	T. Hongay
5551	Nguyên-van-Minh.	12 mai 1885	1er juin 1903	—	C. 2e Bureau Saigon
5598	Ly-van-Vang. . .	23 février 1883	20 juin 1903	—	C. Comay (Baria)
5574	Ng.-van-Thang .	10 octobre 1887	1er juillet 1903	—	T. Sontây
8929	Nguyên-Long. .	3 juin 1889	21 mai 1910	—	A. Huê
4089	Lê-Kham	23 nov. 1875	1er sept. 1901	—	T. Phu-Quang (Thanh-Hoa)
7051	Trân-xuân-Thiêu.	1er février 1885	1er sept. 1905	—	T. Quang-Yên
4169	Koun.	15 janvier 1880	6 nov. 1901	—	C. Trang-Bang (Tây-Ninh)
7198	Nguyên-v.-Thuân.	10 mars 1887	20 nov. 1905	—	C. Vérification Saigon
7494	Do-kê-Liên . . .	1er octobre 1886	1er mai 1906	—	T. Thanh-Hoa
7680	Bui-dinh-Hoe. .	1er janvier 1884	28 sept. 1906	—	D. 5e Bureau
3522	Nguyên-van-Hon .	12 octobre 1878	6 février 1901	—	C. 3e Bureau Saigon
5198	Nguyên-van-Khoe.	10 nov. 1882	1er janvier 1903	—	C. 2e Bureau Saigon
6506	Ng.-cong-Dong. .	7 sept. 1871	20 octobre 1904	1er juillet 1921	K. Kompong-Thom
6530	Ng.-huu-Thanh . .	15 juin 1880	1er déc. 1904	—	T. Rtte Sub. Hanoi
7708	Ng.-van-Thang	1887	1er nov. 1906	—	T. Rtte comptable Haiphong
5939	Trân-van-Giac . .	30 nov. 1887	15 déc. 1903	—	C. Travinh
6273	Nguyên-van-Van .	20 sept. 1883	26 mai 1904	—	C. 3e Bureau Saigon
6977	Trân-ngoc-Ky . .	13 mars 1877	1er juin 1905	—	T. Thai-Nguyên
7233	Nguyên-van-Le. .	21 février 1878	1er déc. 1905	—	C. Tân-An
4553	Cung-Than . . .	1er janvier 1882	15 avril 1902	—	A. Coluy
8614	Lê-tan-Luu. . .	9 sept. 1884	20 avril 1909	—	A. Dégi
7252	Nguyên-huu-Ho. .	10 février 1886	1er déc. 1905	—	C. Binh-Tây (Cholon)
7922	Nguyên-v.-Phuong	30 août 1884	10 avril 1907	—	C. Bentré
8307	Nguyên-van-Som.	1884	26 mai 1908	—	L. Rtte sub. Vientiane
7248	Trân-van-Sang. .	1880	2 déc. 1905	—	A. Banghoi
8763	Nguyên-huu-Khuc	1887	15 nov. 1906	—	D. Section du P. I.
5382	Trân-tong-Sung . .	16 juin 1870	20 sept. 1894	—	C. Rachgia
8950	Doan-Phiem. . .	8 janvier 1886	10 juillet 1910	—	T. Phu-Lô
8625	Bach-huy-Bich. .	1885	19 mai 1909	—	T. Hôdô (Hatinh)
6044	Hoang-huu-Gia . .	22 mars 1883	1er mars 1904	1er janvier 1922	L. Thakbek
7411	Ng. huy-Cuong . .	5 mars 1874	15 mars 1906	—	C. Baria
7260	Vo-tan-Phat. . .	5 nov. 1884	1er déc. 1905	—	C. Manuf. d'opium Saigon
4538	Hoang-dinh-Than.	2 février 1877	16 mai 1902	—	T. Tiêu-Bang (Kiên-An)
7912	Lê-dinh-Tho. . .	14 juillet 1888	4 mai 1907	—	A. Nhatrang
5324	Nguyên-da-Hiêu. .	mai 1879	25 février 1903	—	T. Phat-Diêm (Ninh-Binh)
9322	Nguyên-manh-Lê .	15 octobre 1888	22 juillet 1912	—	D. 3e Bureau
9439	Ngô-khac-Tuân. .	1er janvier 1892	29 juin 1913	—	D. 3e Bureau

No matricule	NOMS	DATE de naissance	DATE d'entrée dans l'Administration	DATE de la dernière nomination	RÉSIDENCE

Secrétaires de 3ème classe
(Solde annuelle : 762 $ 00)
(suite)

No matricule	NOMS	DATE de naissance	DATE d'entrée dans l'Administration	DATE de la dernière nomination	RÉSIDENCE
7540	Ng.-dinh-Thinh. .	15 juin 1885	1er juin 1906	1er janvier 1922	T. 3e Bureau Haiphong
9259	Ng.-huu-Nguyên .	20 mai 1890	24 février 1912	—	T. Bureau C. et du P Haiphong
9011	Ng.-quoc-Thanh .	6 février 1890	12 octobre 1910	—	T. 4e Circ. d'Inspection Bènthuy
4386	Vu-dinh-Tuong. .	25 janvier 1882	15 mars 1902	—	T. Haiduong
8099	Lê-dinh-Trac . .	12 février 1887	12 déc. 1907	—	T. 3e Bureau Haiphong
9434	Ng.-trân-Nghia . .	2 mars 1892	6 juin 1913	—	K. 3e Bureau Pnom-Penh
7595	Nguyên-van-De. .	25 août 1880	14 juin 1906	—	K. Battambang
9333	Nguyên-duc-Y . .	15 mai 1893	19 juillet 1912	—	A. Buraeu C. et du P. Tourane
1517	Huynh-van-Cua. .	22 nov. 1874	1er déc. 1896	—	C. Rtte comptable Saigon
3392	Tran-quan-Châu .	14 avril 1873	10 déc. 1900	—	A. Ninh-Hoa (Honecohé)
8961	Nguyên-ngoc-Si. .	16 mai 1890	28 juillet 1910	—	A. Bureau C. et du P. Tourane
9429	Nguyên-trong-Giu	15 octobre 1891	27 mai 1913	1er juillet 1922	T. Rtte comptable Haiphong
6798	Nguyên-dang-Viên	15 janvier 1885	1er mai 1905	—	D. 5e Bureau
7281	Bui-Phong . . .	1884	5 février 1906	—	T. Choha (Hatinh
3744	Nguyên-van-Tiên.	1872	25 avril 1901	—	G. Cap. Saint-Jacques
6023	Diêp-xuân-Kha . .	8 juin 1884	6 février 1904	—	T. Rtte comptable Haiphong
9315	Dinh-van-Canh. .	1890	9 juillet 1912	—	A. 3e Bureau Tourane
9438	Trân-ngoc-Trang.	12 mars 1891	10 juin 1913	—	D. 3e Bureau
7188	Phan-ky-Hoa. . .	13 mai 1879	20 nov. 1905	—	T. Rtte Sub. Hanoi
6640	Nguyên-van-Cu. .	13 déc. 1885	1er février 1905	—	G. Manuf. d'opium Saigon
8431	Nguyên-van-Phuc	15 juillet 1890	19 octobre 1908	—	K. 3e Bureau Pnom-Penh
5591	Ly-duc-Hanh . .	7 janvier 1884	1er août 1903	—	T. Rtte Sub. Hanoi
8689	Trân-Thuc. . . .	15 mars 1885	13 sept. 1909	—	A. 3e Bureau Tourane
9539	Ng.-van-Nghiêm. .	1891	27 janvier 1914	—	D. Bureau C. et du P. (Retraites
6731	Ng.-phuoc-Nhiêu.	10 octobre 1879	1er mars 1905	—	G. Soctrang
8807	Phan-huy-Thanh.	1892	8 janvier 1910	—	D. 5e Bureau
9547	Pham-quang-Ta. .	1893	4 février 1914	—	D. Bureau C. et du P. (Matricule)
7266	Ng.-van-Luong. .	15 janvier 1871	1er déc. 1905	1er janvier 1923	G. Long-Xuyên
8874	Nguyên-duc-Thu .	1888	24 mars 1910	—	T. Insp. sédentaire Haiphong
8243	Nguyên-van-Nhut.	25 février 1890	8 mars 1908	—	K. Kompong-Chnang
7420	Truong-van-Ven .	13 nov. 1888	7 avril 1906	—	G. Rtte comptable Saigon
7694	Ng.-chêu-Tuân. .	6 mai 1885	1er octobre 1906	—	A. 1er Bureau Tourane

No matricule	NOMS	DATE de naissance	DATE d'entrée dans l'Administration	DATE de la dernière nomination	RÉSIDENCE

Secrétaires de 3ème classe
(Solde annuelle : 762 $ 00)
(*suite*)

No matricule	NOMS	DATE de naissance	DATE d'entrée dans l'Administration	DATE de la dernière nomination	RÉSIDENCE
7264	Phan-van-Hoa . .	13 mai 1689	1er déc. 1905	1er janvier 1923	C. Vérification Saigon
7054	Nguyên-van-Thi..	11 août 1882	9 sept. 1905	—	T. Diêm-Diên (Thai-Binh
7791	Pham-huu-Loi . .	24 mars 1882	12 janvier 1907	—	T. 3e Bureau Haiphong
8928	Du-phuoc-Thuàn.	25 juillet 1889	21 mai 1910	—	A. 2e Bureau Tourane
7268	Vo-thanh-Phuong.	1875	1er déc. 1905	—	G. Cao-Lanh (Sadec)
7526	Ng.-quang-Lièng .	8 mars 1875	5 juin 1906	—	G. Cholon
8910	Ung-Né.	23 octobre 1887	7 mai 1910	—	A. Inspection Quinhon
5943	Cao-van-Thinh. .	10 janvier 1881	1er janvier 1904	—	T. Kiên-An
8232	Truong-th.-Minh .	1886	1er mars 190	—	G. Baclièu
8244	Huynh-dien-Cuc. .	25 nov. 1885	1er avril 1908	—	A. Kim-Long (Quang-tri
7504	Pham-phu-Hoai. .	29 déc. 1882	12 mai 1906	—	A. Cua-Viêt (Quang-tri
9084	Phung-huy-Xan. .	1881	2 mars 1911	—	D. 3e Bureau (Matériel
8238	Bui-dang-Vinh . .	4 mars 1890	24 mars 1908	—	T. 1ère circ. d'insp Haiphong
7861	Nguyên-v.-Thang.	15 juin 1883	22 mars 1907	—	T. 3e Bureau Haiphong

N° matricule	NOMS	DATE de naissance	DATE d'entrée dans l'Administration	DATE de la dernière nomination	RÉSIDENCE
		Secrétaires de 13ème classe (Solde annuelle : 762 $ 00) *(suite)*			
N° matricule	NOMS	DATE de naissance	DATE d'entrée dans l'Administration	DATE de la dernière nomination	RÉSIDENCE

N° matricule	N O M S	DATE de naissance	DATE d'entrée dans l'Administration	DATE de la dernière nomination	RÉSIDENCE

Secrétaires de 3ème classe
(Solde annuelle : 762 $ 00)
(suite)

N° matricule	NOMS	DATE de naissance	DATE d'entrée dans l'Administration	DATE de la dernière nomination	RÉSIDENCE

Secrétaires de 3ème classe
(Solde annuelle : 762 $ 00)
(*suite*)

N° matricule	NOMS	DATE de naissance	DATE d'entrée dans l'Administration	DATE de la dernière nomination	RÉSIDENCE

Secrétaires de 3ème classe
(Solde annuelle : 762 $ 00)
(*suite*)

N° matricule	N O M S	DATE de naissance	DATE d'entrée dans l'Administration	DATE de la dernière nomination	RÉSIDENCE

Secrétaires de 3ème classe
(Solde annuelle : 762 $ 00)
(suite)

matri-cule	NOMS	DATE de naissance	DATE d'entrée dans l'Administration	DATE de la dernière nomination	RÉSIDENCE

Secrétaires de 4ème classe
(Solde annuelle : 684 $ 00)

matri-cule	NOMS	DATE de naissance	DATE d'entrée dans l'Administration	DATE de la dernière nomination	RÉSIDENCE
6789	Trân-dac-Van	21 déc. 1889	22 avril 1905	1er juillet 1919	C. Biên-Hoa
5947	Hô-Kinh	4 mai 1878	1er janvier 1904	—	A. Hiêp-Hoa (Tamky
7269	Ng.-thanh-Quang	13 janvier 1872	1er déc. 1905	—	C. 3e Bureau Saigon
4275	Lê-Quang	7 nov. 1880	18 déc. 1901	—	A. 3e Bureau Tourane
7352	Ng.-van-Khoi	20 août 1887	23 février 1906	—	T. Cao-Bang
4783	Ng.-quang-Vang	14 janvier 1882	21 déc. 1905	—	C. 1er Bureau Saigon
7272	Pham-van-De	1883	10 déc. 1905	—	C. Rtte comptable Saigon
7679	Bui-vinh-Liên	1885	28 sept. 1906	—	T. Van-Dinh (Hanoi
4250	Lê-dinh-Phuong	3 février 1870	1er déc. 1901	—	A. An-Oan (Dégi)
4208	Nguyên-van-Diên	1er mai 1878	1er nov. 1901	—	A. Sontra
7379	Ng.-van-Thinh	1er déc. 1888	1er mars 1906	—	T. Nam-Dinh
6012	Dang-phuc-Tang	1878	6 février 1904	—	K. 3e Bureau Pnom-Penh
3091	Lê-van-Su	1er mars 1863	11 juillet 1900	—	A. Quang-Van (Quinhon
7954	Nguyên-duc-Mou	3 février 1889	1er juin 1907	—	T. Haiduong
5868	Vu-pham-Duc	13 juillet 1884	20 octobre 1903	—	T. Tuyên-quang
8016	Ta-dinh-Kinh	1er février 1883	27 sept. 1907	—	T. Van-Phân (Phu-Nghia)
4689	Trân-van-Thang	28 sept. 1882	16 juin 1902	—	A. Laghi (Phan-thiêt
7834	Do-xuân-Phong	24 déc. 1887	12 février 1907	—	T. Du-Do (Thanh-Hoa
6102	Luu-duc-Tam	16 octobre 1880	15 mars 1904	—	T. Do-Luong (Benthuy)
7570	Do-cong-Danh	16 mai 1885	15 juin 1906	—	C. Vinh-Long
6587	Vo-huu-Duong	15 avril 1886	20 déc. 1904	—	A. Lagan (Phanri)
7355	Vu-van-Hiêu	12 février 1880	1er janvier 1906	—	T. 3e Bureau Haiphong
5758	Ng.-van-Quyên	1886	15 sept 1903	—	C. Vinh-Long
8050	Ng.-van-Quang	8 avril 1885	15 octobre 1907	—	C. Thoi-Thuân (Mytho)
8297	Nguyên-van-Lieu	6 octobre 1889	18 mai 1908	—	C. Manuf. d'opium (Saigon)
7351	Nguyên-van-Hy	20 août 1887	23 février 1906	—	T. Hoa-Binh
6938	Lê-duong-To	15 juillet 1881	22 juin 1905	—	A. 3e Bureau Tourane
9093	Luong-van-Pha	1889	7 mars 1911	1er janvier 1920	D. 5e Bureau
8634	Nguyên-van-Cao	12 avril 1889	28 mai 1909	—	T. Mui-Ngoc (Moncay)
8592	La-cam-Hy	15 avril 1889	1er avril 1909	—	A. Hué
7543	Ngô-huy-Ban	1885	15 mai 1906	—	T. 2e Bureau Haiphong
6997	Ng.-phung-Ky	4 mars 1881	1er juillet 1905	—	A. Dégi
8917	Lam-Phat	15 avril 1890	21 mai 1910	—	L. Insp. indép. Viêntiane
8861	Pham-y-Phung	20 juillet 1885	7 mars 1910	—	T. Rtte comptable Haiphong

Secrétaires de 4ème classe
(Solde annuelle : 684 $ 00)
(suite)

No matricule	NOMS	DATE de naissance	DATE d'entrée dans l'Administration	DATE de la dernière nomination	RÉSIDENCE
8814	Ng.-tiên-Trinh	8 janvier 1889	21 janvier 1910	1er janvier 1920	A. Dégi
8733	Ng.-van-Phung	6 avril 1887	4 sept. 1909	—	T. Phu-Tho (Thanh-Hoa)
7081	Vo-thuong-Trang	16 janvier 1878	7 août 1905	—	A. Dông-Hoi
9071	Tr.-manh-Khiêm	20 avril 1884	28 janvier 1911	—	D. 3e Bureau
9038	Trân-dinh-Dang	10 mai 1889	19 nov. 1910	—	T. 3e Bureau Haiphong
8862	Nguyên-xuân-Nhi	1er mars 1888	10 mars 1910	—	T. Hongay
8831	Cao-van-Bau	29 nov. 1890	1er février 1910	—	C. Rtte sub. Saigon
8200	Pham-chêong-Woung	21 janvier 1883	8 février 1908	1er mai 1920	T. Hagiang
8938	Ng.-van-Sang	10 nov. 1886	28 juillet 1910	—	A. Cumông
4859	Huynh-van-Hoa	1er juillet 1884	1er nov. 1902	—	K. 3e Bureau Pnom-Penh
8043	Ng.-thanh-Long	1884	5 octobre 1907	—	C. Sadec
8606	Ng.-kim-Thinh	1886	15 avril 1909	—	C. Sadec
8028	Quan-van-Vinh	5 mai 1888	7 octobre 1907	—	T. Nam Dinh
8430	Nguyên-van-Thau	26 mars 1887	19 octobre 1908	—	K. Rtte comptable Pnom-Penh
9105	Ng.-van-Canh	18 février 1889	26 mars 1911	—	D. 5e Bureau
8418	Ng.-ngoc-Canh	2 avril 1888	11 sept. 1908	—	C. Caibè (My-tho)
8047	Trân-duc-Trinh	21 juillet 1887	3 octobre 1907	—	T. Nam-Dinh
8719	Trân-tan-Dinh	15 nov. 1888	31 août 1909	—	T. Entrepôt Vanly
9339	Do-huy-Tuc	2 janvier 1890	18 juillet 1912	—	T. Rtte sub. Hanoi
8107	Vu-nhu-Kim	1885	20 déc. 1907	—	A. 3e Bureau Tourane
8892	Ng.-hach-Trac	15 mars 1890	18 avril 1910	—	D. 2e Bureau
8931	Trân-van-Luu	8 août 1880	1er juin 1910	—	C. Rtte comptable Saigon
9321	Ha-van-Hiên	22 nov. 1892	28 juillet 1912	—	A. 3e Bureau Tourane
7783	Nguyên-van-Ky	1886	1er janvier 1907	1er janv. 1921	D. 2e Bureau
9055	Thanh-q.-Huan	sept. 1887	24 déc. 1910	—	T. Thanh-Hoa
7923	Truong-v.-Huong	1889	25 avril 1907	—	C. Rtte comptable Saigon
8585	Ng.-van-Thanh	7 août 1887	15 mars 1909	—	C. Thudâumôt
8817	Ng.-van-Nhanh	30 juin 1883	1er janvier 1910	—	K. Soairiêng
8217	Chu-xuân-Trach	1er août 1886	18 février 1908	—	D. 1er Bureau
8452	Vuong-van-On	1887	24 déc. 1908	—	L. Paksé
5872	Nguyên-van-Bai	12 février 1872	8 nov. 1903	—	C. Section B Saig.
9358	Trân-van-Huan	23 sept. 1889	13 août 1912	1er juillet 1921	T. Bach-Hac
7813	Vo-huynh-Liên	16 juin 1878	21 janvier 1907	—	A. Duong (Phauri
9094	Bui-ngoc-Son	28 février 1890	10 mars 1911	—	T. Bach-Hac
8147	Nguyên-van-Nhau	1er octobre 1885	17 janvier 1908	—	T. 2e Bureau Haiphong
4425	Trân-duy-Thach	1er mars 1887	1er mars 1902	—	A. Inspection Tourane
9379	Nguyên-van-Hoa	6 janvier 1892	5 mars 1013	—	T. Brig-active Haiphong
9204	Ha-van-Ba	14 octobre 1891	19 sept. 1911	—	A. Dônghoi
8675	Trân-van-Co	1er juillet 1888	1er juillet 1909	—	C. Vérification Saigon
9551	Quan-dinh-Phung	15 juin 1889	3 février 1914	—	D. 5e Bureau
377	Nguyên-huu-Dai	2 juillet 1892	23 février 1913	—	D. 5e Bureau

Secrétaires de 4ème classe
(Solde annuelle : 684 $ 00)
(suite)

N° matricule	NOMS	DATE de naissance	DATE d'entrée dans l'Administration	DATE de la dernière nomination	RÉSIDENCE
9069	Lê-Lung	1er janvier 1889	23 janvier 1911	1er janvier 1922	T. Langson
9325	Duong-ngoc-Meo	24 déc. 1890	1er août 1912	—	C. Bacliêu
8661	Huynh-van-Mai	1888	17 juin 1909	—	L. Savannakhet
9258	Ng-hoan-Khanh	20 février 1888	21 janvier 1912	—	C. Bacliêu
9549	Nguyên-ngoc-Phoi	27 sept. 1892	1er février 1914	—	D. Bureau C. et du P. (P. E.)
9110	Ng.-van-Thanh	16 août 1887	24 avril 1911	—	D. 3e Bureau
9043	Pham-don-Lam	17 nov. 1888	8 déc. 1910	—	T. Ninh-Tiêp Quang-Yên
9340	Truong-ngoc-Song	12 juillet 1892	3 août 1912	—	A. En congé administratif
9648	Van-quang-Thuy	mars 1889	20 février 1915	—	T. 2e Bureau Haiphong
9320	Bach-gia-Ngan	15 octobre 1890	18 juillet 1912	—	T. Ngoc-Giap Thanh-Hoa
9542	Hoang cong Man	12 janvier 1888	25 février 1914	—	T. R. sub. Hanoi
9135	Duong-van-Y	18 mars 1892	1er mai 1911	1er juillet 1922	K. Rtte comptable Pnom-Penh
8615	Phan-kam-Way	1er mai 1889	15 avril 1909	—	T. Bao-Lac
9331	Lê-van-Phi	15 mars 1893	27 juillet 1912	—	C. Rtte comptable Saigon
9908	Truong-dang-Nguyên	13 avril 1897	1er juillet 1918	—	D Section du P. I
9369	Trân-xuân-Chat	1891	22 sept. 1912	—	T. 4e Bureau (Haiphong)
9545	Dô-vuong-Tuong	5 mai 1892	16 février 1914	—	T. Lach-Truong Thanh-Hoa
8837	Nguyên-van-Hiên	1887	28 février 1910	—	D. 3e Bureau
9427	Do-van-Truat	2 avril 1891	9 maï 1913	1er janvier 1923	T. Vérification Haiphong
9380	Lê-duc-Thuy	5 nov. 1892	15 février 1913	—	T. Qui-Cao (Haiduong)
8971	Trân-phi-Hiên	23 mars 1886	24 août 19.0	—	A. Dông-Trach (Xuànday
9327	Ng-van-Chinh	15 octobre 1892	1er août 1912	—	C. Camau
9589	Do-dinh-Tho	22 octobre 1890	18 juillet 1914	—	T. Distillerie Hanoi
9330	Bui van Man	14 nov. 1893	1er août 1912	—	C. Rtte comptable Saigon
9323	Do-doan-Sy	12 juillet 1887	22 juillet 1912	—	T. 3e Circ d'Insp. Nam-Dinh
9588	Do huy-Oanh	20 juin 1889	25 juillet 1914	—	D. 5e Bureau
9647	Doan van-Hung	4 janvier 1888	25 février 1915	—	A. Phanri

No matricule	NOMS	DATE de naissance	DATE d'entrée dans l'Administration	DATE de la dernière nomination	RÉSIDENCE

Secrétaires de 4ème classe
(Solde annuelle : 684 $ 00)
(suite)

No atricule	N O M S	DATE de naissance	DATE d'entrée dans l'Administration	DATE de la dernière nomination	RÉSIDENCE
		Secrétaires de 4ème classe (Solde annuelle : 684 $ 00) *(suite)*			

N° matricule	N O M S	DATE de naissance	DATE d'entrée dans l'Administration	DATE de la dernière nomination	RÉSIDENCE

Secrétaires de 4ème classe
(Solde annuelle : 684 $ 00)
(*suite*)

No matricule	N O M S	DATE de naissance	DATE d'entrée dans l'Administration	DATE de la dernière nomination	RÉSIDENCE

Secrétaires de 4ème classe
(Solde annuelle : 684 $ 00)
(*suite*)

N° matricule	NOMS	DATE de naissance	DATE d'entrée dans l'Administration	DATE de la dernière nomination	RÉSIDENCE

Secrétaires de 4ème classe
(solde annuelle : 684 $ 00)
(suite)

N° matricule	NOMS	DATE de naissance	DATE d'entrée dans l'Administration.	DATE de la dernière nomination	RÉSIDENCE

Secrétaires de 4ème classe
(Solde annuelle : 684 $ 00)
(suite)

N° matricule	NOMS	DATE de naissance	DATE d'entrée dans l'Administration	DATE de la dernière nomination	RÉSIDENCE
			Secrétaires de 5ème classe (Solde annuelle: 606 $ 00)		
9550	Vuong-kha Lam .	25 nov. 1892	6 février 1914	1er janvier 1919	T. Vérification Haiphong
9401	Vu-huu-Truat . .	22 juillet 1887	24 mars 1913	1er juillet 1919	D. 5e Bureau
9329	Dang-dinh-Chuong. . .	10 avril 1893	23 juillet 1912	—	A. Chocui (Faïfoo)
9422	Tràn-xuân-Nhat .	2 juin 1893	7 mai 1913	1er janvier 1920	T. Xuân-Ha (Vanly
9552	Vo-quang-Tuong .	20 déc. 1889	30 janvier 1914	—	C. Section B Saigon
9541	Nguyên-xuân-Mai.	15 janvier 1886	25 février 1914	—	D. 5e Bureau
9476	Nguyên-dinh-Phu.	10 mai 1893	9 sept. 1913	—	T. Bac-Ninh
9591	Cao van-Van . .	1891	26 août 1914	—	T. Phu-Ly
9543	Ng.-phuoc-Chi . . .	13 avril 1891	8 mai 1914	—	C. 3e Bureau Saigon
9544	Lê-duc-Vinh . .	19 octobre 1890	5 février 1914	—	T. Benthuy (Thanh-Hoa
9485	Bui-ngoc-Dang. .	17 déc. 1890	17 octobre 1913	1er mai 1920	T. 1er Bureau Haiphong
8270	Ng.-viêt-Tuyên .	12 février 1883	24 avril 1908	—	A. Muiné
8896	Ng.-phuoc-Ton. .	18 juin 1891	18 avril 1910	—	C. Mytho
9590	Pham-van-Tam .	2 février 1892	25 août 1914	—	T. Rtte comptable Haiphong
9334	Ng.-thanh-Gia. .	1er janvier 1891	28 juillet 1912	1er janvier 192.	A. Rtte comptable Tourane
9649	Trân-duc-Do . .	15 nov. 1892	19 février 1915	—	A. Cua-Tung (Quangtri
8941	Ng.-van-Truong .	23 avril 1893	26 juin 1910	—	C. Cântho
9364	Pham-cong-Tac .	16 mars 1893	24 sept. 1912	—	C. 1er Bureau Saigon
9160	Lê-van-Thiên .	15 sept. 1886	1er juillet 1911	—	A. 3e Bureau Tourane
9684	Phan-van Chi .	13 déc. 1890	4 sept. 1914	—	C. Bureau C. et du P. Saigon
8521	Ngô-van-Long .	12 juin 1887	25 janvier 1909	—	T. Bureau C. et du P. Haiphong
9338	Pham-Diem. .	20 mai 1891	23 juillet 1912	—	A. Inspection Nhatrang
8001	Dang-huu-Thiêp .	1887	17 sept. 1907	28 janvier 1921	T. 3e Bureau Haiphong
8745	Ng.-van-Thuân. .	1889	23 sept. 1909	1er juillet 1921	C. Rachgia
9337	Ngô-Dieu. . . .	4 janvier 1890	3 août 1912	—	A. Pho-Hai (Phan-thiêt
9644	Ng.-hoa-Thinh. .	15 mai 1892	17 février 1915	—	D. 5e Bureau
9592	Tràn-quang-Hanh.	1892	21 juillet 1914	—	T. 3e Bureau Haiphong
8040	Vuong-kha-Phuc .	13 octobre 1888	16 octobre 1907	—	T. 1er Bureau Haiphong
9928	Lê-van-Lieu . .	4 avril 1896	16 juillet 1918	1er janvier 1922	K. 3e Bureau Pnom-Penh
9927	Hoang-Tiep. .	28 déc. 1892	12 juil'et 1918	—	D. Bureau C. et du P. (Retraites
9190	Phan-Ky. . .	15 octobre 1890	21 août 1911	—	A. Faïfoo
9909	Ng.-tan-Dong .	10 janvier 1897	8 juillet 1918	—	A. 3e Bureau Tourane
9708	Ng.-v.-Muc dit Tu.	14 juillet 1893	13 octobre 1915	—	C. Flottille Saigon
9745	La-van-Thieu .	12 février 1894	26 avril 1916	—	T. Bênthuy

N° matricule	NOMS	DATE de naissance	DATE d'entrée dans l'Administration	DATE de la dernière nomination	RÉSIDENCE

Secrétaires de 5ème classe
(Solde annuelle : 606 $ 00)
(suite)

N° matricule	NOMS	DATE de naissance	DATE d'entrée dans l'Administration	DATE de la dernière nomination	RÉSIDENCE
9964	Trân-van-Thu	5 déc, 1894	27 janvier 1919	1er janvier 1922	T. Bureau C. et du P. Haiphong
9910	Ng.-dinh-Ton	5 octobre 1897	6 juillet 1918	—	T. 3e Bureau Haiphong
9045	Pham-van-Khuc	1892	13 février 1915	—	T. R. sub. Hanoi
9917	Nguyên-duy-Uyên	20 déc. 1897	16 juillet 1918	—	T. 4e Bureau Haiphong
9918	Ng.-trong-Hue	15 février 1897	15 juillet 1918	1er juillet 1922	A. Rtte comptable Tourane
9276	Pham-dinh-Long	17 juillet 1889	25 avril 1912	—	T. Nam-Dinh
9932	Dang-van-Hiêu	29 sept. 1897	13 juillet 1918	—	T. Rtte comptable Haiphong
9919	Bui-dinh-Man	20 déc. 1893	8 juillet 1918	—	T. Laokay
9953	Trân-tai-Hiêp	1er janvier 1897	21 déc. 1918	—	K. Kompong-Bay
9925	Trân-ngoc-Man	1896	5 juillet 1918	1er janvier 1923	T. Bênthuy
9941	Lê-duc-Trieu	1er janvier 1897	12 juillet 1918	—	A. Vérification Tourane
9923	Nguyên-Thuc	15 janvier 1896	4 juillet 1918	—	T. Laokay
9979	Pham-ngoc-Van	15 janvier 1895	20 février 1919	—	D. Bureau C. et du P. (Matricule
10.049	Dang-xuân-Ty	20 déc. 1896	1er janvier 1920	—	A. Bureau C. et du P. Tourane
9924	Phan-ke-Tuyên	12 août 1895	6 juillet 1918	—	T. Vérification Haiphong
9920	Ng.-xuong-Thai	20 mars 1895	11 juillet 1918	—	A. 2e Bureau Tourane
9980	Nguyên-van-Try	8 février 1895	20 février 1919	—	T. Vérification Haiphong

N° matricule	N O M S	DATE de naissance	DATE d'entrée dans l'Administration	DATE de la dernière nomination	RÉSIDENCE

Secrétaires de 5ème classe
(Solde annuelle : 606 $ 00)
(suite)

N° matricule	N O M S	DATE de naissance	DATE d'entrée dans l'Administration	DATE de la dernière nomination	RÉSIDENCE

Secrétaires de 5ème classe
(Solde annuelle : 606 $ 00)
(*suite*)

No matricule	NOMS	DATE de naissance	DATE d'entrée dans l'Administration	DATE de la dernière nomination	RÉSIDENCE
		Secrétaires de 6ème classe (Solde annuelle : 528 $ 00)			
9922	Phan-Tu	15 février 1897	12 juillet 1918	1er janvier 1920	A. Coluy
9926	Lê-Tuong	20 nov. 1894	12 août 1918	—	A. Tamquan
9912	Nguyên-khac-Can .	15 oct. 1896	7 juillet 1918	—	T. Luc-Nam (Phu-Lang-Thuong)
9933	Ng.-van-Thân . .	1er janvier 1897	30 juillet 1918	—	T. Bac-Ninh
9921	Ng.-van-Chuong .	17 mars 1895	8 juillet 1918	—	A. Rtte comptable Tourane
9929	Lê-nguyên-Luong.	18 oct. 1895	14 juillet 1918	—	T. Chocon (Vanly
9931	Trinh-ngoc-Van .	6 mars 1895	12 juillet 1918	—	A. Honecohé
9958	Ng.-van-Nghiêm .	18 avril 1894	27 janvier 1919	1er mai 1920	A. Cumong (Salines)
9960	Diêp-xuân-My . .	15 juin 1897	27 janvier 1919	—	D. 5e Bureau
9962	Ng.-khac-Tiên . .	28 nov. 1897	31 janvier 1919	—	T. 3e Bureau Haiphong
9963	Lê-quang-Dê. . .	15 sept. 1894	7 février 1919	—	A. Quang-Khé
9959	Nguyên-huu-Tiên.	15 déc. 1895	17 mars 1919	—	A. Badon (Quang-Khé)
9957	Huynh-v.-Nguon .	20 juin 1896	24 avril 1919	1er janv. 1921	C. Service actif Saigon
9532	Bui-van-Hao . . .	1892	21 janvier 1914	—	D. 5e Bureau
9995	Nguyên-van-Duc .	5 janvier 1897	27 avril 1919	—	T. Bureau C. et du P. Haiphong
9997	Nguyên-Liêu. . .	15 février 1896	19 mai 1919	—	A. Xuânday
9996	Lê-dang-Phuong .	16 oct. 1896	17 mai 1919	—	D. 5e Bureau
10.038	Bui-công-Hoi . .	25 juin 1896	13 oct. 1919	—	D. 5e Bureau
9961	Trân-van-Xuyên .	2 février 1898	24 janvier 1919	—	A. Phanrang
10.039	Ng.-nhut-Quang .	2 mai 1895	1er oct. 1919	—	A. Tam-quan
10.051	Phan-Tân	5 février 1899	1er mars 1920	1er mars 1921	A. Bureau C. et du P. Tourane
10.061	Luu-van-Bich. . .	1893	1er mai 1920	1er mai 1921	T. Moncay
10.163	Pham-duy-Canh .	25 avril 1900	9 déc. 1920	9 déc. 1921	T. 3e Bureau Haiphong
10.166	Vu-van-Phu. . . .	29 nov. 1 97	9 déc. 1920	—	T. Vérification Haiphong
10.164	Bui-Dai	15 mai 1899	10 déc. 1920	10 déc. 1921	T. Do-Len (Thanh-Hoa
10.165	Vu-van-Nha. . .	8 oct. 1899	—	—	T. Ngô-Dông (Nam-Dinh)
10.167	Truong-huu-Giam	6 août 1899	19 déc. 1920	19 déc. 1921	A. Vérification Tourane
10.168	Luu-huy-Truong .	29 déc. 1895	20 déc. 1920	20 déc. 1921	D. 5e Bureau
10.040	Lê-viêt-Kham . .	19 mai 1894	1er oct. 1919	1er janvi. 1922	A. Trinh-Tuong (Phanthiêt)
10.170	Nguyên-Huê . . .	29 juillet 1899	22 février 1921	22 fév. 1922	A. Roon (Quang-Khé)
10.171	Doan-tu-An . . .	12 juin 1900	1er mars 1921	1er mars 1922	D. 5e Bureau
10.172	Nguyên-van-Mui .	28 janvier 1897	6 mars 1921	6 mars 1922	T. Rtte comptable Haiphong
10.173	Trân-van-Chuyên dit Son.	1900	12 mars 1921	12 mars 1922	T. Rtte comptable Haiphong
10.179	Lê-van-Tiêt . . .	1895	2 avril 1921	2 avril 1922	K. 3e Bureau Pnom-Penh
10.180	Nguyên-gia-Kiên .	15 juin 1898	7 avril 1921	7 avril 1922	D. 5e Bureau
10.176	Nguyên-huu-Tai .	10 sept. 1897	9 avril 1921	9 avril 1922	T. R. sub. Hanoi
10.175	Trân-van-Hung. .	16 oct. 1897	11 avril 1921	11 avril 1922	T. Kiên-An

N· matricule	NOMS	DATE de naissance	DATE d'entrée dans l'Administration	DATE de la dernière nomination	RÉSIDENCE

Secrétaires de 6ème classe
(Solde annuelle : 528 $ 00)
(suite)

N· matricule	NOMS	DATE de naissance	DATE d'entrée dans l'Administration	DATE de la dernière nomination	RÉSIDENCE
10.178	Pham xuân-Viên .	10 janvier 1900	22 avril 1921	22 avril 1922	K. 3e Bureau Pnom-Penh
10.177	Trân-van-Diên . .	11 mai 1900	23 avril 1921	23 avril 1922	A. Phanthiêt
10.174	Hoang xuân-Van dit Van .	15 janvier 1900	25 avril 1921	25 avril 1922	A. Bôngson (Tam-Quan
10.181	Teo Youlong . . .	1899	4 juin 1921	4 juin 1922	K. Inspection Pnom-Penh
10.184	Trân-xuân-Lan . .	6 mars 1900	—	—	T. Distillerie Haiduong
10.182	Pham-huu-Thu .	1er juillet 1898	12 juin 1921	12 juin 1922	L. Khône
10.183	Trân-manh-Thuân . . .	19 janvier 1900	13 juin 1921	13 juin 1922	T. R sub. Hanoi
10.185	Trân-quy-Tai . .	5 juin 1899	14 juin 1921	14 juin 1922	T. Thanh-Son (Phu-Nghia
10.169	Nguyên-duy-Tinh .	4 mai 1900	11 février 1921	11 août 1922	T. Phu-Duc (Phu-Nghia)
10.186	Dang-van-Doan .	15 nov. 1899	1er oct. 1921	1er oct. 1922	C. Bureau C. et du P. Saigon
10.187	Ngô-vi-Thang . .	8 mai 1900	7 oct. 1921	7 oct. 1922	A. Bureau C. et du P. Tourane
10.188	Vu-huy-Thanh . .	3 janvier 1900	8 oct. 1921	8 oct. 1922	A. Honecobé
10.209	Ng.-huu-Binh . .	6 août 1901	22 février 1922	22 février 1923	T. 2e Circ. d'Insp Hanoi
10.214	Trân-van-Cuong .	12 avril 1896	19 mars 1922	19 mars 1923	T. Lao-Kay
10.216	Nguyên-van-Can .	15 juin 1893	21 mars 1922	21 mars 1923	K. Bureau C. et du P. Pnom-Penh

Nº matricule	NOMS	DATE de naissance	DATE d'entrée dans l'Administration	DATE de la dernière nomination	RÉSIDENCE

Secrétaires de 6ème classe
(Solde annuelle : 528 $ 00)
(suite)

No matricule	NOMS	DATE de naissance	DATE d'entrée dans l'Administration	DATE de la dernière nomination	RÉSIDENCE

Secrétaires de 6ème classe
(Solde annuelle : 528 $ 00)
(suite)

N° matricule	NOMS	DATE de naissance	DATE d'entrée dans l'Administration	DATE de la dernière nomination	RÉSIDENCE

Secrétaires Stagiaires
(Solde annuelle : 450 $ 00)

N° matricule	NOMS	DATE de naissance	DATE d'entrée dans l'Administration	DATE de la dernière nomination	RÉSIDENCE
10.213	Vo-van Nghi . . .	15 mai 1898	25 mars 1922	25 mars 1922	A. Phu-My (Dégi
10.212	Duong-ngoc-Yên .	15 octobre 1898	8 avril 1922	8 avril 1922	A. An-Tây (Qui-nhon)
10.210	Ngô-Soa	29 déc. 1898	13 avril 1922	13 avril 1922	A. Quinhon
10.211	Pham-huy-Nhiêp .	5 avril 1898	17 avril 1922	17 avril 1922	A. Quinhon
10.233	Truong-tri-Dinh dit Bau .	1902	19 avril 1922	19 avril 1922	D. 4e Bureau
10.266	Dô-dinh-Thiên . .	1900	18 juillet 1922	18 juillet 1922	D. 5e Bureau
10.240	Pham-ngoc-Sinh .	1902	25 juillet 1922	25 juillet 1922	T. 4e Bureau Haiphon°
10.242	Dang-huu-Thiêm .	1895	14 août 1922	14 août 1922	C. Vérification Saigon
10.241	Nguyên ba-Than .	15 janvier 1902	1er sept. 1922	1er sept. 1922	A. Tam-Ky
10.275	Nguyên phu-Lich .	21 mai 1901	8 nov. 1922	8 nov. 1922	T. Dôngbai (Quang-Yên
10.273	Nguyên-van Hiên .	2 février 1901	10 nov. 1922	10 nov. 1922	T. Langson
10.278	Hoang-tu-Van . .	1901	—	—	T. Laokay
10.274	Ng.-manh-Ham . .	janvier 1902	13 nov. 1922	13 nov. 1922	T. Vérification Haiphong
10.277	Cao-hoai-Sang . .	11 sept. 1901	20 nov. 1922	20 nov. 1922	C. 3e Bureau Saigon
10.279	Lê-dinh-Cuoc . .	2 juillet 1901	28 nov. 1922	28 nov. 1922	A. Xuânday
10.276	Phan-lê-Nhuân . .	1895	13 déc. 1922	13 déc. 1922	K. 3e Bureau Pnom-Penh
10.291	Ng. ngoc-Thuy . .	15 nov. 1900	19 déc. 1922	19 déc. 1922	K. 3e Bureau Pnom-Penh
10.290	Nguyên-van-Tho .	1er sept. 1898	20 déc. 1922	20 déc. 1922	K. Bureau C et du P. Pnom-Penh
10.293	Ng.-thuc-Quynh .	1902	20 déc. 1922	20 déc. 1922	K. 3e Kep (Ky Trach

No matricule	NOMS	DATE de naissance	DATE d'entrée dans l'Administration	DATE de la dernière nomination	RÉSIDENCE

Secrétaires Stagiaires
(Solde annuelle : 450 $ 00)
(*suite*)

N° matricule	NOMS	DATE de naissance	DATE d'entrée dans l'Administration	DATE de la dernière nomination	RÉSIDENCE

Brigadiers Stagiaires
(Solde annuelle: 450 $ 00)
(suite)

No matricule	NOMS	DATE de naissance	DATE d'entrée dans l'Administration	DATE de la dernière nomination	RÉSIDENCE
		Planlons-chefs de 1ère classe (Solde annuelle : 324 $ 00)			
9065	Trinh-van-Man. .	20 déc. 1888	17 janvier 1911	1er janvier 1919	T. Magasin principal Haiphong
8762	Pham-dinh-Duong. . .	1er nov. 1889	14 octobre 1909	1er juillet 1919	T. Section C. Haiphong
9184	Nak	15 avril 1891	18 juillet 1911	1er janvier 1921	K. Rtte comptable Pnom-Penh
9650	Ly-mông-Bao. . .	1894	9 mars 1915	1er juillet 1921	D. 4e Bureau
9709	Ng.-gia-Tuân. . .	15 mars 1893	21 octobre 1915	1er juillet 1922	D. Secrétariat Particulier
		Planlons chefs de 2ème classe (Solde annuelle : 270 $ 00)			

N. matricule	NOMS	DATE de naissance	DATE d'entrée dans l'Administration	DATE de la dernière nomination	RÉSIDENCE
			Plantons de 1ère classe (Solde annuelle : 234$00)		
9935	Lê-dinh-Moc. . .	2 déc. 1893	1er août 1918	1er janvier 1923	T. Gia-Lâm (Hanoi)
10.078	Dao-dinh-Bich. .	1897	21 octobre 1920	—	D. Section du P. I. (FFons de secr' taire'
			Plantons de 2ème classe (Solde annuelle : 198 $ 00)		
9934	Nguyên-van-Dau .	15 février 1894	1er août 1918	1er janvier 1921	T. Van-Dinh (Hanoi
			Plantons de 3ème classe (Solde annuelle : 162 $ 00)		

N° matri-cule	NOMS	DATE de naissance	DATE d'entrée dans l'Administration	DATE de la dernière nomination	RÉSIDENCE

SERVICE ACTIF

CADRE SUPÉRIEUR

Préposés Indigènes de 1ère classe
(Solde annuelle : 1.320 $ 00)

N° matri-cule	NOMS	DATE de naissance	DATE d'entrée dans l'Administration	DATE de la dernière nomination	RÉSIDENCE
59	Van-thai-Hung . .	15 juin 1857	12 déc. 1882	1er janvier 1923	C. R^{tte} comptable Saigon
2081	Dô-van-Tiên . . .	20 juin 1867	30 juin 1885	—	D. Secrétariat Particulier

Préposés Indigènes de 2ème classe
(Solde annuelle : 1.210 $ 00)

N° matri-cule	NOMS	DATE de naissance	DATE d'entrée dans l'Administration	DATE de la dernière nomination	RÉSIDENCE
2213	Phong-tso-Cao . .	1863	1er février 1897	1er janvier 1922	T. Chaloupe (Vinh)

N° matricule	NOMS	DATE de naissance	DATE d'entrée dans l'Administration	DATE de la dernière nomination	RÉSIDENCE

Préposés indigènes de 3ème classe
(Solde annuelle : 1.035 $ 00)

N° matricule	NOMS	DATE de naissance	DATE d'entrée dans l'Administration	DATE de la dernière nomination	RÉSIDENCE
1636	Pham-van-Chau	12 mai 1864	1er oct. 1890	1er janvier 1921	K. Service actif Pnom-Penh
2085	Nguyên-van-Hai	15 janvier 1863	1er janvier 1890	—	A. Bureau C. et du P. Tourane
425	Ng.-van-Nhan	15 juillet 1866	21 nov. 1890	1er janvier 1922	K. Chaloupe (Choben)
2207	Hoc-Yuong	15 nov. 1873	1er avril 1898	—	T. Chaloupe (Laokay)
4570	Ho-Tsane	20 sept. 1865	3 juin 1902	1er juillet 1922	T. Chaloupe (Vinh)
1259	Ng.-van-Hoanh	16 mars 1865	1er mai 1895	—	C. Bureau C. et du P. Saigon
2242	Hong-long-Cat	8 juin 1865	1er nov. 1894	1er janvier 1923	A. Chaloupe (Ixora)
1778	Ng.-van-Thinh	1869	1er février 1899	—	C. Chaloupe (Lynx)

Nᵒ matricule	NOMS	DATE de naissance	DATE d'entrée dans l'Administration	DATE de la dernière nomination	RÉSIDENCE

Préposés auxiliaires indigènes de 1ère classe
(Solde annuelle : 840 $ 00)

Nᵒ matricule	NOMS	DATE de naissance	DATE d'entrée dans l'Administration	DATE de la dernière nomination	RÉSIDENCE
2215	Vu-dinh-Phong . . dit Vu-van-Hoa	15 février 1869	6 nov. 1899	1er janvier 1920	T. Chaloupe (Tuyên-Quang)
3383	Lê-van-Luu . . .	1869	5 mai 1892	1er mai 1920	C. Vedette (Mouette)
2873	Nguyên-van-Hiêu.	15 mai 1878	1er mai 1900	1er janvier 1921	C. Bureau C. et du P. Saigon
1779	Giang-van-Tinh. .	1869	15 février 1899	1er janvier 1923	C. Flottille Saigon
1144	Huynh-van-Thinh.	15 sept. 1866	26 juin 1894	—	C. En congé administratif
2098	Pham-van Qui . .	16 juillet 1869	2e sem. 1889	—	D. 3e Bureau (Matériel)

Préposés auxiliaires indigènes de 2ème classe
(Solde annuelle : 645 $ 00)

No matricule	NOMS	DATE de naissance	DATE d'entrée dans l'Administration	DATE de la dernière nomination	RÉSIDENCE
			Brigadiers-chefs (Solde annuelle : 762 $ 00)		
1112	Ng.-van-Vung. . .	1869	6 mai 1894	1er janvier 1918	C. Service actif Saigon
2073	Nguyên-van-Loi .	17 janvier 1877	1er déc. 1899	—	C. Cholon
2248	Lay-mao-Hy . . .	7 juin 1871	2e sem. 1892	1er janvier 1919	T. Vérification Haiphong
2221	Thsoy-Huc. . . .	20 nov. 1863	1er janvier 1893	1er janvier 1921	T. Brigade active Haiphon
3096	Nguyên-van-Thai.	6 juillet 1863	14 janvier 1900	1er juillet 1921	D. 3e Bureau Hano
1162	Ng.-van-Thiên . .	8 sept. 1872	20 août 1894	1er janvier 1922	C. Service actif Saigon
3975	Lê-van-Hanh. . .	10 avril 1881	1er juillet 1901	1er juillet 1922	C. Bacliêu
1390	Long.	14 août 1872	20 janvier 1895	1er janvier 1923	K. Takeo
7994	Trân van Nghia .	1868	1er octobre 1907	—	T. Nam-Dinh

No matri-cule	NOMS	DATE de naissance	DATE d'entrée dans l'Administration	DATE de la dernière nomination	RÉSIDENCE
		Brigadiers de 1ère classe (Solde annuelle : 684 $ 00)			
1618	Dang-van-Thu · .	25 mai 1876	1er déc. 1897	1er janvier 1918	C. En congé de convalce
7524	Hoang-dinh-Ky . ·	18 juin 1876	16 juin 1906	1er janvier 1921	D. Secrétariat Particulier (Vaguemestre)
2861	Nguyên-van-Chinh	15 mars 1 83	23 avril 1900	—	C. Service général Saigon
7510	Nguyên-van-Nuôi.	1er juillet 1880	20 avril 1906	1er juillet 1921	C. Inspection Saigon
5351	Lê-van-Viêt	1er janvier 1870	20 mars 1903	1er janvier 1922	C. 2e B Saigon
5059	Trân van-Do· . . .	25 janvier 1875	janvier 1902	—	D. 3e Bureau
7703	Tô-van-Lan.	21 juin 1873	20 octobre 1906	—	D Bureau C. et du P. (P. E.)
1726	Nguyên-van-Thiêt	6 juillet 1868	8 juin 1898	—	C. Comay (Baria)
1410	Lê-van-Hoa.	1866	1er avril 9896	—	C. Cap saint-Jac-ques
4278	Nguyên-van-Chat.	16 juin 1871	17 déc. 1901	1er juillet 1922	A. Vérification Tourane
8799	Trân-van-Tu. . . .	15 janvier 1872	4 janvier 1910	—	D. Bureau central
2091	Nguyên-van-Ca . .	1873	10 février 1898	1er janvier 1923	T. B. C. et du P. Haiphong
1524	Dinh-van-Liêng . .	15 mars 1869	16 déc. 1896	—	C. Mytho
2102	Dinh-van-Lâp . . .	12 déc. 1868	4 août 1898	—	T. Vérification Haiphong
7119	Pham-dinh-Thiêt.	10 octobre 1871	14 octobre 1905	—	D. 3e B. (Matériel)
1463	Nguyên-van-Vang.	2 juin 1871	1er août 1896	—	C. Càntho
2271	Luu-dinh-Quyên .	20 octobre 1872	juillet 1893	—	T. Rte Comptable Haiphong
7792	Thon.	1er janvier 1872	12 janvier 1907	—	K. Brigade active Pnom-Penh
3384	Nguyên-dinh-Tai .	25 juillet 1882	1er déc. 1900	—	T. Vanly
1296	Lam-van-Ngo . .	1er janvier 1868	18 juillet 1898	—	C. Long-xuyên
7143	Lê-van-Chach . . .	10 février 1867	16 octobre 1905	—	D. B. C. et du P. (A. et R.)

N° matricule	NOMS	DATE de naissance	DATE d'entrée dans l'Administration	DATE de la dernière nomination	RÉSIDENCE

Brigadiers de 1ère classe
(Solde annuelle: 684 $ 00)
(*suite*)

No atricule	NOMS	DATE de naissance	DATE d'entrée dans l'Administration	DATE de la dernière nomination	RÉSIDENCE

Brigadiers de 2ème classe
(Solde annuelle : 606 $ 00)

No atricule	NOMS	DATE de naissance	DATE d'entrée dans l'Administration	DATE de la dernière nomination	RÉSIDENCE
3659	Huynh ngoc-Thinh . . .	2 mars 1878	1er avril 1901	1er janvier 1919	C. Soctrang
7142	Duong-van-Vinh .	14 juillet 1871	16 octobre 1905	—	D. Secrétariat Particulier
2077	Nguyên-van-Ky. .	7 mai 1870	22 octobre 1898	1er juillet 1919	T. Sam-Son (Thanh-Hoa
2118	Truong-van-Môug.	8 juin 1869	1er sem. 1893	—	T. Vérification Haiphong
2268	Phan van-Dông. .	1864	1er mai 1895	—	C. Flottille Saigon
2333	Ngô-van-Quon. .	2 avril 1873	1er avril 1898	—	K. Suoc-Trou (Kg -Chuang
5240	Hoang-van-Luu. .	10 octobre 1877	23 janvier 1903	1er janvier 1920	T. Vân-Dinh (Hanoi)
4502	Trân-van-Tu. . .	1859	1er mai 1902	—	T. Manuf. des allumettes Hanoi
1137	Nguyên-van-Bay .	3 février 1876	13 juin 1894	—	C. Hongchong (Hatiên)
1688	Lê-huu-Loi . . .	28 avril 1874	11 mars 1898	1er mai 1920	C. Baclieu
2272	Vu-van-Kiêm. . .	1er noût 1874	1er déc. 1897	1er janvier 1912	T. Bureau C. et du P. Haiphong
5643	Dô-van-Giau. . . .	5 mai 1872	30 juin 1893	—	T. Doson (Kiên-An
8561	Dô-van-Lau . . .	4 février 1870	1er mars 1909	—	D. 5e Bureau
2794	Huynh-van-Tho .	1882	1er février 1900	1er juillet 1921	G. Bureau C. et du P. Saigon
8367	Nguyên-van-Muoi	1860	21 juillet 1908	—	C. Biên-Hoa
4895	Tôn-thât-Tanh. .	22 mai 1878	18 nov. 1902	—	A. Bureau C. et du P. Tourane
5320	Nguyên-van-Lap .	1er octobre 1874	1er mars 1903	1er janvier 1922	T. Nam-Dinh
8542	Huynh-van-Suong . . .	1864	19 février 1909	—	C. Cholon
7689	Dô-van-Nguu. . .	3 mai 1870	4 avril 1906	—	T. Thanh-Hoa
5665	Ngô-vi-Tong . . .	1880	1er avril 1903	—	D. 3e Bureau
2266	Lê-van-Can . . .	20 janvier 1861	1er janvier 1895	—	C. Rach-Gia
1681	Phan-kim-Chung.	15 février 1871	1er mai 1898	1er juillet 1922	C. Hatiên
2169	Nguyên-van-Thom	7 octobre 1871	16 nov 1897	—	T. Rte sub. Hanoi
7734	Ng.-vau-Xuân. . .	1er juillet 1886	10 nov. 1906	—	D. Secrétariat Particulier
3797	Ngô-khac-Can . .	3 juillet 1880	1er avril 1901	1er janvier 1923	A. 3e Bureau Tourane
8574	Mai-van-Lom. . .	1860	5 avril 1909	—	C. Bureau C. et du P. Saigon
4756	Ng.-van-Chon. .	18 juillet 1884	16 sept. 1902	—	C. Mytho
6341	Lê-van-Hoai . .	6 nov. 1885	12 juin 1904	—	K. Kompong-Tiam
5585	Ng.-dang-San .	15 janvier 1866	1er juillet 1894	—	T. Sontay
8208	Thao-Phouy. . .	1866	1er février 1908	—	K. brigade active Pnom-Penh
9510	Luong-xiu Long .	1877	8 nov. 1913	—	T. Fort Bayard (K. T. W.)
8268	Ngô-vi-Chi	15 sept. 1877	30 avril 1908	—	D. 1er Bureau
5432	Pham-van-Van . .	15 octobre 1873	23 février 1903	—	T. Bureau C. et du P. Haiphong
4313	Lê-van-Khoa. . . .	15 mars 1877	10 janvier 1902	—	C. Bentré

Nº matricule	NOMS	DATE de naissance	DATE d'entrée dans l'Administration	DATE de la dernière nomination	RÉSIDENCE

Brigadiers de 2ème classe
(Solde annuelle : 606 $ 00)
(suite)

N° matricule	N O M S	DATE de naissance	DATE d'entrée dans l'Administration	DATE de la dernière nomination	RÉSIDENCE

Brigadiers de 2ème classe
(Solde annuelle : 606 $ 00)
(*suite*)

N° matricule	NOMS	DATE de naissance	DATE d'entrée dans l'Administration	DATE de la dernière nomination	RÉSIDENCE
	Sous-Brigadiers de 1ère classe (Solde annuelle : 528 $ 00)				
8859	Nguyên-van-Nhu	1er nov. 1867	1er mars 1910	1er janvier 1919	C. 4e B. Saigon
2865	Tio	1er janvier 1881	11 janvier 1900	1er juillet 1919	K. Kosko
5374	Ly-van-Thanh...	15 mai 1885	1er mars 1903	—	C. Thot-Not (Luong-Xuyên
6141	Nguyên van-Chon	13 avril 1887	1er avril 1904	—	U. Service actif Saigon
2823	Nguyên-van-Xieu.	1878	11 mars 1911	—	K. Brigade active Pnom-Penh
2755	Nguyên-van-Sanh	14 sept. 1881	1er janvier 1900	1er janvier 1920	C. Phuoc-Thiên (Biên-Hoa
5252	Ng.-van-Thanh ..	1882	9 janvier 1903	—	C. Tracu (Travinh
6344	Ng.-van-Hoach...	24 avril 1873	1er juillet 1904	—	T. 4e B. Haiphong
6232	Nguyên-van-Y...	1866	1er juin 1904	—	T. Vérification Haiphong
2240	Cam-Sang.....	15 janvier 1881	18 octobre 1898	—	T. Brigade active Haiphong
5494	Truong-Thanh ..	15 avril 1879	15 avril 1903	1er mai 1920	A. Lai An (Hué)
1808	Bui-van-Huan ...	1856	1er juin 1899	—	C. Bentré
4638	Trân-van-Luong .	11 février 1875	15 juillet 1902	—	C. Thu-Duc Saigon
7013	Trân-van-Phu . .	6 juillet 1885	5 août 1905	—	D. 3e B (Matériel)
2286	Bau	16 mai 1877	20 déc. 1898	—	K. Chrui-Chong Wa (P. Penh)
8668	Lai-van-Cau . .	1877	26 juillet 1909	1er janvier 1921	C. Cai-Tàu-Thuong (Sadec
6913	Nguyên-van-Lu. .	1er mars 1874	3 juin 1905	—	T. Vérification Haiphong
7546	Truong-van-Bach.	2 août 1876	1er juin 1906	—	T. Brigade active Haiphong
3129	Vo-dang-Tri. . .	27 nov. 1870	2e sem. 1894	1er juillet 1921	A. Ilot de l'obser vatoire Tourane
2322	Huynh van-Thinh	15 juin 1874	15 mai 1895	—	K. Bassac (Pnom-Penh)
2574	Hô-Song. . . .	25 mars 1856	1er mai 1897	1er janvier 1922	T. Bênthuy
6574	Dao-van-Ty. . .	3 février 1885	15 déc. 1904	—	C. Vinh-Long
8877	Dô-van-Thuân . .	25 sept. 1867	21 avril 1910	—	C. Long-My (Rachgia
5537	Trân-dinh-Van. .	15 janvier 1883	15 mars 1903	—	T. Bureau C. et du P (Haiphong
6164	Pham-van-Tac . .	1881	1er avril 1904	—	T. Bureau C et du P. Haiphong
2332	Tep	12 avril 1865	1er mars 1895	—	K. Banam.
8888	Nguyên-van-Hon .	1868	1er avril 1910	1er juillet 1922	K. Service actif Pnom-Penh
6081	Vu-thai Ho. . .	30 juillet 1877	15 mars 1904	—	T. Rtte comptable Haiphong
4082	Huynh tân-Phat .	2 juin 1884	4 sept. 1901	—	C. Section B. Saigon
2259	Nguyên-van-Hanh	1863	15 janvier 1895	—	C. En Congé administratif
2742	Lê-van Hien. . .	9 mai 1886	7 mars 1899	1er janvier 1923	C. Section A. Saigon
2426	Nguyên-van-Sam .	5 juin 1873	1er février 1897	—	K. Takeo
7069	Hoang-van-Binh .	1879	1er juin 1905	—	L. Luang-Prabang
7176	Hô-van-Sinh . .	1867	12 déc. 1905	—	L. Paksé

Nº matricule	NOMS	DATE de naissance	DATE d'entrée dans l'Administration	DATE de la dernière nomination	RÉSIDENCE
	Sons-Brigadiers de 1ère classe				
	(Solde annuelle : 528 $ 00)				
	(*suite*)				
7509	Nguyên-van-Sinh .	1887	4 mai 1906	1er janvier 1923	T. Quan-Muc (Kiêu An)
7043	Nguyên-Liên	4 mai 1882	1er août 1905	—	A. Dông-Hoi
7346	Nguyên-van-Luc..	26 février 1885	20 février 1906	—	K. Chihé (Kg.-Tiam)
7659	Pam-van-Suu...	10 février 1877	1er sept. 1906	—	T Dô-Len (Thanh-Hoa)
4018	Huu	15 déc. 1880	1er août 1901	—	K Preckei (Pnom-Penh)
4388	Dang van-Chay ..	1er sept. 1881	1er février 1992	—	A. 1er B. Tourane
2159	Pham-van-Phu..	5 août 1867	16 nov. 1897	—	T. Haiduong
2745	Nguyên-van-Tai ..	12 février 1887	11 avril 1899	—	C. Vérification Saigon

N° matricule	NOMS	DATE de naissance	DATE d'entrée dans l'Administration	DATE de la dernière nomination	RÉSIDENCE

Sous-Brigadiers de 1ère classe
(Solde annuelle : 528 $ 00)
(suite)

Matri- cule	NOMS	DATE de naissance	DATE d'entrée dans l'Administration	DATE de la dernière nomination	RÉSIDENCE

Sous-Brigadiers de 1ère classe
(Solde annuelle. 528 $ 00)
(*suite*)

No matricule	NOMS	DATE de naissance	DATE d'entrée dans l'Administration	DATE de la dernière nomination	RÉSIDENCE

Sous-Brigadiers de 2ème classe
(Solde annuelle : 450 $ 00)

No matricule	NOMS	DATE de naissance	DATE d'entrée dans l'Administration	DATE de la dernière nomination	RÉSIDENCE
229	Ket	avril 1879	10 sept 1899	1er janvier 1918	K. Kompong Trach
3570	Nguyên-van-Rung	8 déc. 1879	1er février 1901	22 février 1918	. Luc-Nam (Phu-Lang-Thuong)
2108	Nguyên-van-Soc..	1er nov. 1875	1er janvier 1900	1er juillet 1918	C. Rachgia
6718	Mai-van-Hoi . . .	11 janvier 1885	10 mars 1908	—	C. Nha-bè (Saigon
6429	Nguyên-van-Tao .	1873	15 sept. 1904	1e. janvier 1919	C. Service acti (Saigon
2328	Chou	13 mai 1877	1er janvier 1898	—	K. Jouque «Kabal Thol»
5741	Làm-ngang-Ky. .	23 août 1885	11 août 1903	1er julliet 1919	C. Camau
5414	Kuong	1882	1er mars 1903	—	K. Kg.-Khléang (Kg.-Thom
2812	Dang-huu-Nghia .	1er février 1855	1er mars 1900	—	K. Brigade active Phnom-Penh
2367	Nguyên-van-Truc.	1871	2e sem. 1897	—	T. Vérification Haiphon
6634	Nguyên-van-An	28 octobre 1874	1er février 1905	1er janvier 1920	T. Kiên-An
2128	Nguyên-van-Nam.	1863	1er mars 1897	—	T. Tam-Dao (Phu Lô
4397	Lê-ba-Tanh . . .	22 mai 1887	7 février 1902	—	A. Vérification Touran
7531	Nguyên-La. . . .	20 sept. 1881	1er juin 1906	1er mai 1920	A. Brigade active Tourane
5386	Mai van Vong . .	1872	5 avril 1903	—	T. Vérification Haiphon
7736	Du-van-Lè	24 juin 1878	28 octobre 1906	—	C. Bureau C. et du P Saigon
4261	Lam-van Xuan. .	1873	16 déc. 1901	—	K. Service actif Pnom-Penh
2135	Phung-van-Tiêm .	1866	30 juin 1893	1er janvier 1921	T. Vérification Haiphon
7095	Chhuau	13 février 1886	1er août 1905	—	K. Bureau C. et du P. Pnom-Penh
2282	Nguyên-van-Toi .	1865	1er sem. 1886	—	A. En congé administrati
7667	Tho.	10 déc. 1885	8 août 1906	—	K. Snoctran (Kg.-Chuang
3107	Cao-van-Hiên. . .	1862	22 mai 1900	—	T. Vérification Hanoi
2628	Trân-van-Phuoc .	1er février 1874	1er nov. 1899	—	A. Trinh-Tuong (Phanthiêt
6368	Nguyên-huu-Vi .	15 février 1880	1er août 1904	1er juillet 1921	A. 4e Bureau Tourane
9109	Nguyên-van-Tat .	1883	29 avril 1911	—	T. Bênthuy (Thanh Hoa)
7611	Hoang-ngoc-Chac.	1877	22 août 1906	—	A. Phanri
3771	Trân-Hanh . . .	1er mars 1873	1er mai 1901	1 janvier 1922	T. Diêm-Diên (Thai-Binh
4546	Hô-dinh-Liêu . .	1868	1er février 1902	—	T. Thuong-xa (Bênthu
5460	Hoang-Tuong . .	2 juin 1882	1er mai 1903	—	A. Vérification Touran
2366	Dinh-van-Kuong .	1869	1er avril 1898	—	T. Vérification Haiphon

No matricule	NOMS	DATE de naissance	DATE d'entrée dans l'Administration	DATE de la dernière nomination	RÉSIDENCE

Sous Brigadiers de 2ème classe
(Solde annuelle : 450 $ 00)
(suite)

No matricule	NOMS	DATE de naissance	DATE d'entrée dans l'Administration	DATE de la dernière nomination	RÉSIDENCE
7947	Ng -van Tanh . .	12 avril 1877	8 mai 1907	1er janvier 1922	C. Cholon
4658	Nong.	1876	10 juin 1902	—	K. Srée-Cham (Kg -Bay)
3131	Trân-van Le. . .	1er nov. 1873	1er avril 1900	—	A. Brigade active Tourane
4123	Pham-van-Tuân .	1863	18 sept. 1901	—	C. Soctrang
6525	Nguyên duc-Ruc .	1er nov. 1876	15 nov. 1904	1er juillet 1922	T. 3e Bureau Haiphong
4398	Lê-van-Lem. . .	15 octobre 1885	1er mars 1902	—	A. 3e Bureau Tourane
4046	Nguyên-van-Chon	25 février 1886	20 juin 1910	—	C. Service actif Saigon
8573	Pham dinh-Vu ng . . .	1893	26 mars 1909	—	D. Section du P. I.
8555	Ly -ngoc-Oauh .	1887	19 février 1909	—	D. Bureau central
8341	Trân-van-Khiêm .	13 juin 1871	22 nov. 1904	—	T. Brigade active Haiphong
8276	Nguyên-van-Bat .	10 juin 1885	9 mai 1908	—	D. Secrétariat Particulier
9097	Hoang-dinh Xuân	20 juillet 1887	20 mars 1911	—	D. Cabinet de M le Directeur
4415	Duong-van-Can .	15 juillet 1880	1er mars 1902	—	A. Bureau C. et du P. Tourane
3786	Lê-van-Huy . .	1887	18 mai 1901	—	C. Mytho
2326	Nou	1876	1er déc 1897	—	K. Kg.-Trach
2572	Nguyên-van-Yên	10 octobre 1873	1er février 1902	1er janvier 1923	T. Thai-Binh
2909	Dam	1859	1er juin 1900	—	K. Kg.-Tiam
5375	Ta-van-Cai. . .	1873	1er avril 1903	—	C. Duong-Dong
6949	Onr	12 juillet 1887	6 juin 1905	—	K. Brigade active Pnom-Penh
2319	Lê-van Tich. .	15 mars 1873	1er mars 1895	—	C. Mytho
7417	Trân-van-Toan .	1883	1er avril 1906	—	A. Bureau C. et du P. Tourane
7033	Nguyên-van-Duy.	16 sept. 1881	25 août 1905	—	T. Ngoc-Giap (Thanh-Hoa)
2545	Lê-van-Phuong .	10 janvier 1875	11 octobre 1899	—	C. Cholon
2168	Nguyên-van-Dang.	4 juil et 1867	30 juin 1895	—	T. Thai-Nguyên
3755	Sui-Sang . . .	15 janvier 1868	15 avril 1901	—	T. Fort Bayard (K. T. W)
9458	Nguyên-van-Di .	8 nov. 1871	18 juillet 1913	—	T. Hongay
3830	Do-van-Bich . .	2 octobre 1878	16 mai 1901	—	T. Vérification Haiphong
4587	Nguyen-van Sao .	19 mars 1876	1er avril 1902	—	T. Bac-Ninh

N° matricule	NOMS	DATE de naissance	DATE d'entrée dans l'Administration	DATE de la dernière nomination	RÉSIDENCE

Sons-Brigadiers de 2ème classe
(Solde annuelle : 450 $ 00)
(suite)

N° matricule	N OM S	DATE de naissance	DATE d'entrée dans l'Administration	DATE de la dernière nomination	RÉSIDENCE

Sous-Brigadiers de 2ème classe
Solde annuelle : 450 $ 00
(suite)

Surveillants de 1ère classe
(Solde annuelle : 360 $ 00)

N° matricule	NOMS	DATE de naissance	DATE d'entrée dans l'Administration	DATE de la dernière nomination	RÉSIDENCE
8440	Nguyên-van-Lan	24 février 188	24 octobre 1908	1er janvier 1919	T. Brigade active Haiphong
7931	Trân-van-Liêng	20 janvier 1882	15 avril 1907	—	T. Phu Nghia
8263	N'éai-Kong	21 juillet 1887	1er avril 1908	—	K. Service actif Pnom-Penh
7190	Vo-van-Tri	1868	1er octobre 1905	—	K. Brigade active Pnom-Penh
2480	Ros	1871	1er déc. 1898	—	K. — do —
4409	Riel	22 mai 1879	1er mars 1902	—	K. Suoc-Trou Kg.-Chuang
2903	Nguyên-van-Khoc	1871	24 avril 1900	—	K. Tamlap
5772	Nguyên-huu-Ti	21 avril 1880	10 sept. 1903	1er juillet 1919	T. Hatinh
5478	Ngô-van-Trong	20 août 1872	12 mai 1903	—	T. Van - Dinh (Hanoi)
7340	Nguyên-van-Huu	11 avril 1882	22 février 1906	—	T. Hoa-Binh
6512	Ng.-van-Tuong	6 mai 1878	25 octobre 1904	—	K. Kep (Kompong-Trach)
6953	Pham-trung-Hanh	16 juin 1873	1er juin 1905	—	T. 1er Bureau Haiphong
3510	Chu-van-Thuong	1867	10 déc. 1900	—	T. Docks Haiphong
2568	Dao-van-Miêu	1er janvier 1867	12 mai 1897	—	T. Phu-Doan (Phu-Tho)
7640	Nguyên-van-Gia	1882	24 août 1906	1er janvier 1920	T. Hongay
8146	Hoang-van-Lich	12 août 1881	10 janvier 1908	—	T. Brigade active Haiphong
7839	Nguyên-van-Col	10 nov. 1869	1er janvier 1907	—	L. Savannakhet
7329	Ng.-van-Nhiêu	9 nov. 1887	1er février 1906	—	C. Rtte comptable Saigon
4240	Trân-ngoc-Thu	23 mars 1871	1er déc. 1901	—	C. Soctrang
2975	Huynh-van-Guong	1867	10 juillet 1900	—	C. Thu-dâu-môt
2446	Va	25 octobre 1864	1er janvier 1898	—	K. Kompong-Thom
5186	Trân-van-Nhan	nov. 1865	1er nov. 1902	—	K. En congé administratif
3644	Truong-van-Hue	1876	2 mars 1901	—	C. Baria
5745	Pham van-Tung	20 juillet 1883	1er sept. 1903	—	C. Baria
3924	Nguyên-van-Ngu	15 sept. 1867	1er juillet 1901	—	C. Long Diên (Long-Xuyên)
2548	Nguyên-van-Giâu	13 février 1857	1er nov. 1899	—	K. Kratié
4201	Noun	1880	6 nov. 1901	—	K. Kratié
7742	Trân-van-Hung	1870	1er nov. 1906	—	C. Vung-Liêm (Vinh-Long)
7295	Nguyên-van-Hai	8 avril 1877	23 mai 1900	1er mai 1920	T. Bureau C. et du P. Haiphong
8419	Pham-van-Ban	1er avril 1885	1er sept. 1908	—	T. 3e Bureau Haiphong
3231	Nguyên-van-Tan	10 août 1872	1er sept. 1900	—	C. En congé administratif
2493	Bui-van-Khuc	1863	1er mars 1899	—	C. En congé administratif
5940	Ng.-van-Nhung	1886	16 déc. 1903	—	C. En Congé de convalescence
7538	Lê-van-Mâu	3 janvier 1876	1er mai 1906	—	T. Brigade active Haiphong

N° matricule	NOMS	DATE de naissance	DATE d'entrée dans l'Administration	DATE de la dernière nomination	RÉSIDENCE
			Surveillants de 1ère classe (Solde annuelle : 360 $ 00) (suite)		
4767	Hoang-van-Ngau	10 mai 1877	1er juillet 1902	1er janvier 1921	T. Hodo (Hatinh)
7519	Nguyên van Ut. .	1877	10 mai 1900	—	C. Travinh
8401	Ng.-dinh-Phuc. .	1888	7 sept. 1908	—	D. Bureau C. et du P. (Matricule)
8116	Thao Lane. . .	14 janvier 1882	1er nov. 1907	—	L. Savannakhet
7093	Chau-Pech	1881	7 août 1905	—	K. Bassac (Pnom-Penh
6197	Phan-van-Trung	15 avril 1881	1er mai 1904	—	C. Bentré
6041	Nguyên-duc-Vi . .	12 février 1878	22 février 1904	—	A. Brigade active Tourane
4476	Quoi	7 mai 1876	11 avril 1902	—	K. Takeo
10 106	Nguyên-van-Co.	15 nov. 1883	28 janvier 192	28 janvier 1921	T. Tiên-Bang Kiên-An
8110	Néal Sourn	1er avril 1884	25 nov. 1907	1er juillet 1921	K. Pursat
7479	Nguyên-van-Thiêt	19 sept 1888	20 avril 1906	—	C. Service actif Saigon
6481	Nguyên Xa	10 octobre 1875	1er octobre 1904	—	A. Brigade active Tourane
6087	Nguyên van Bong	1866	1er février 1904	—	K. Brigade active Pnom-Penh
4432	Chan	1882	1er mars 1902	—	K. Vérification Pnom-Penh
5200	Ng.-van-Thong . .	1868	12 déc. 1902	—	C. En congé administratif
7092	Tuon	10 juillet 1880	7 avril 1905	—	K. Bureau C. et du P. Pnom-Penh
8315	Trân-công Liên. .	1870	21 mai 1908	1e janvier 1922	K. Kampot (Kg.-Bay)
7930	Bak Nhun	1886	15 avril 1907	—	L. Rte sul. Vientiane
6442	Ng.-dang-Thang. .	20 février 1880	10 sept. 1904	—	A. Brigade active Tourane
8080	Ng.-van-Thanh. .	15 mai 1887	15 nov. 1907	—	A. Salines Sahuynh
7168	Hoang-khai-Hau. .	1884	1er nov. 1905	—	T. Lang-Son
9031	Phan-dinh-Tri. . .	1888	16 nov. 1910	—	A. Bureau C et du P. Tourane
7793	Trân-van-Tôn. . .	21 déc. 1890	11 déc. 1906	—	C. Re comptable Saigon
7895	Pham-van-Thu . .	19 juillet 1871	6 avril 1907	—	C. Service actif Saigon
8639	Nguyên-van-Chu .	1er octobre 1887	1er juin 1909	—	T. Brigade actif Haiphong
6648	Oung	10 mars 1883	16 janvier 1905	—	K. Kompong Bay
5378	Nguyên-van-Ngo	15 mai 1882	17 mars 1903	—	C. Dai-Ngai (Soc-trang)
5984	Luong-van-Xuan	21 janvier 1877	12 janvier 1904	—	A. Hué
4563	Trân-van-Quit. .	14 sept. 1876	5 mai 1906	—	A. Brigade active Tourane
4310	Trân-van-Nghi. .	25 janvier 1864	1er janvier 1902	1er juillet 1922	A. Lê-Uyên (Xuân-day)
3300	Nguyên-van-Bong	5 mai 1889	1er juin 1905	—	C. Insp. sédentaire Saigon

N° matricule	NOMS	DATE de naissance	DATE d'entrée dans l'Administration	DATE de la dernière nomination	RESIDENCE
	Surveillants de 1ère classe				
	(Solde annuelle : 360 $ 00)				
	(suite)				
8535	Nguyên-van-Kich.	20 août 1883	26 janvier 1909	1er juillet 1922	T. Recette comptable Haiphong
8549	Trân-dinh-Chinh.	12 janvier 1880	18 février 1909	—	A. Muiné
7040	Nguyên-van-Dê.	15 avril 1858	23 juillet 1905	—	A. Dégi
7618	Lê-quang-Hoach.	10 octobre 1881	8 août 1906	—	A. Tamquan
8402	Ng.-van-Huynh.	3 juillet 1883	9 sept. 1908	—	T. R. sup. Hanoi
9054	Hoang-van-Tong.	1883	24 déc. 1910	1er janvier 1922	D. 3e Bureau
7044	Ng.-van-Thanh.	10 juin 1878	1er août 1905	—	A. Quang-Tri
8469	Trân-van-Xuyên	1872	1er nov. 1908	—	D. 3e Bureau
4872	Dao-van Duyên	1881	13 nov. 1902	—	T. Ninh-Binh
6564	Lê-van-Lai.	1882	7 nov. 1904	—	K. En congé de convalescence
6775	Truong-van-Em.	3 février 1883	9 février 1905	1er juillet 1923	A. Lai-An (Hué)
4532	Mai-ngoc-Xuân.	1874	5 mai 1902	—	T. Lac-Quan (Nam-Dinh)
5839	Duong-van-Kiêng.	25 août 1878	1er nov. 1903	—	A. Brigade active Tourane
8254	Pham-van-Ngan.	1876	18 avril 1908	—	T. Hatinh
8474	Dang-van-Tô.	1885	13 octobre 1908	—	C. Vinh-Long
4170	Nguyên-binh-Tu.	1863	25 octobre 1901	—	T. Vanly
7483	Lê-van-Phat.	15 mars 1885	15 avril 1906	—	A. Sahuynh
7053	Nguyên-van-Hoc.	1876	5 sept. 1905	—	T. Haiduong
8480	Dang-van-Do.	1883	12 nov. 1908	—	C. Gocong
7584	Sek.	1870	1er juillet 1906	—	K. Kratié
7952	Huynh-Cung.	1er mai 1876	6 mai 1907	—	A. Nai-Hiên (Tourane)
9115	Lê-Chuoc.	2 janvier 1887	4 avril 1911	—	A. 3e Bureau Tourane
9066	Chu-van-Do.	10 mars 1886	1er janvier 1911	—	T. Bureau C. et du P. Haiphong
8358	Ngô-kim-Ngoc.	10 avril 1888	1er juillet 1908	—	K. Sréecham (Kg.-Bay)
8604	Ros.	13 août 1885	1er avril 1909	—	K. Brigade active (Pnom-Penh)
7777	Chau-Pen.	sept. 1876	5 déc. 1906	—	K. Tamlap
7941	Nou	8 mai 1870	1er mai 1907	—	K. Preckoi (Pnom-Penh)
8204	Nai-Phan	1876	1er février 1908	—	L. Thakhek
8064	Vo-van-Dinh	1870	1er nov. 1907	—	T. Phu-Nghia
5738	Do-van-Cu.	20 juillet 1880	5 sept. 1903	—	T. Vérification Haiphong
9414	Nguyên-ba-Nghia.	25 déc. 1888	3 avril 1913	—	D. 2e Bureau
7354	Nguyên-van-Cung.	14 août 1878	18 février 1906	—	A. Mavang (Phanrang)

N° atricule	NOMS	DATE de naissance	DATE d'entrée dans l'Administration	DATE de la dernière nomination	RÉSIDENCE

Surveillants de 1ère classe
(Solde annuelle : 360 $ 00)
(*suite*)

N° matricule	NOMS	DATE de naissance	DATE d'entrée dans l'Administration	DATE de la dernière nomination	RÉSIDENCE

Surveillants de 1ère classe
(Solde annuelle : 360 $ 00)
(suite)

N° matricule	NOMS	DATE de naissance	DATE d'entrée dans l'Administration	DATE de la dernière nomination	RÉSIDENCE

Surveillants de 1ère classe
(Solde annuelle : 360 $ 00)
(*suite*)

No matri-cule	NOMS	DATE de naissance	DATE d'entrée dans l'Administration	DATE de la dernière nomination	RÉSIDENCE

Surveillants de 2ème classe

(Solde annuelle : 324 $ 00)

No matri-cule	NOMS	DATE de naissance	DATE d'entrée dans l'Administration	DATE de la dernière nomination	RÉSIDENCE
5584	Nguyên-van-Dai	20 sept. 1869	4 juillet 1903	1er janvier 1919	T. Nui-Deo (Kiên-An)
3859	Khong-dinh-Loc	2 juillet 1866	24 mai 1901	—	T. Nam-Dinh
7128	Tin	1878	1er sept. 1905	—	K. Kompong-Tiam
4209	Ha-ngoc-Bao	2 mai 1864	5 nov. 1901	1er juillet 1919	T. Rue sub. Hanoi
7056	Trân-van-Tin	12 mars 1867	1er sept. 1905	—	A. Phanrang
4445	Doan-van-Tri	5 août 1869	8 avril 1902	—	T. Bureau B. Haiphong
6656	Nguyên-van-Hue	12 nov 1884	1er février 1905	—	A. Xuân-day
5152	Chuong-tiên-Hoa	25 février 1875	22 nov. 1902	—	T. Port Wallut
5623	Dang dinh-Trung	10 janvier 1867	1er juillet 1903	—	T. Ninh-Binh
7921	Hoang-v.-Nhuong	1883	3 mai 1907	—	T. Brigade active Haiphong
7031	Nguyên van-Dau	19 avril 1881	1er juillet 1905	—	K. Kasko
5262	Trân-van-Khôi	9 octobre 1877	1er février 1903	—	T. Lac-quân (Nam-Dinh)
8075	Trân-xuân-Vong	27 juin 1875	21 nov. 1907	1er janvier 1920	T. Hung-Yên
9531	Luong-dinh-Cao	10 avril 1861	30 janvier 1914	—	T. Section A Haiphong
7042	Phan-van-Tuy	13 juin 1879	4 août 1905	—	A. Hung-Thanh (Quinhon.
4071	Trân hau-Tho	1881	1er août 1901	—	T. Hatinh
8658	Lê-van-Cac	8 avril 1885	23 juin 1909	—	A. Camranh (Banghoi)
3741	Duong-van-Bay	8 août 1872	7 août 1901	—	T. Phu-ninh-Gian (Haiduong
7065	Trân-viêt-Loi	1869	20 sept. 1905	—	T. Bàn yên-Nhân (Hung-Yên)
7183	Ng.-dac-Chuyên	4 sept. 1866	15 nov. 1905	—	T. Ngoc Huy (Phu-Nghia)
3769	Pham-My	1872	1er mai 1901	—	T. Ngô-Dông (Nam-Dinh)
7965	Huynh-van-Hoe	1885	1er juin 1907	—	C. Binh Tu (Tân-An)
8272	Ong-van-Heng	15 juin 1872	1er avril 1908	—	K. Ilot Cône (Kompong-Bay
6318	Huynh-tho-Lôc	15 janvier 1869	16 mai 1904	—	A. Sakv (Coluy)
5167	Ng.-van-Thanh	1870	15 nov. 1902	—	C. Caolanh (Sadec
7395	Méanh	1880	1er février 1906	—	K. Srée-Mabell (Kampot)
2704	Trân-quang-Biên	22 mai 1872	10 août 1899	1er mai 1920	T. Quang-Yên
7582	Ngô-van-Tho	14 avril 1884	1er juillet 1906	—	A. Coluy
4854	Nguyên-van-Kô	13 juin 1880	10 nov. 1902	—	T. Recette comptable Haiphong
5473	Ta-van-Ngach	22 avril 1876	15 mai 1903	—	T. Hahôi (Hanoi)
5710	Trân-Dam	janvier 1871	9 juillet 1903	—	T. Doluong (Bênthuy)
8858	Nguyên-van-Dang	17 juillet 1866	19 février 1910	—	K. Brigade active Pnom-Penh
7821	Hoang-van-Gan	1878	31 janvier 1907	—	T. Phu Tho
5215	Nguyên-van-Tân	11 octobre 1881	1er déc 1902	—	A. Honecohé
8372	Héang	1877	1er juillet 1908	—	K. Benghi (Pnom-Penh)

N° matricule	NOMS	DATE de naissance	DATE d'entrée dans l'Administration	DATE de la dernière nomination	RÉSIDENCE

Surveillants de 2ème classe
(Solde annuelle : 324 $ 00)
(suite)

N° matricule	NOMS	DATE de naissance	DATE d'entrée dans l'Administration	DATE de la dernière nomination	RÉSIDENCE
6349	Nông van Bao...	1880	1er juillet 1904	1er janvier 1921	T. Lang-Son
8045	Ng.-van Quang..	20 nov. 1885	15 octobre 1907	—	A. An-Thanh (Hué)
7049	Tràn-van-Som...	16 mai 1884	5 août 1905	—	C. Caibé (Mytho)
7000	Tràn-van-San....	1880	1er août 1905	—	T Hatrai (Vanly)
3114	Pham-van-Vi...	6 mars 1875	1er janvier 1900	—	T. Nam-Dinh
7803	Lê ngoc-Hoan...	1885	10 janvier 1907	—	T. Nacham (Lang-Son)
4809	Ngô-van-Cam...	5 février 1876	1er octobre 1902	—	A· Phumy (Dégi)
8927	Ngô-van-Phat...	11 avril 1886	10 mai 1910	—	A. Faifoo
7553	Néai-Sock.....	24 mai 1876	1er mai 1906	—	K. Kg. Khléang (Kg.-Thau)
4457	Nguyên-van-Ban	15 octobre 1878	20 mars 1902	—	A. Badou (Quang-khê)
7474	Luu-van-Lai...	1885	15 avril 1906	—	C. Cholon
8127	Tràn-van-Nghi...	1883	1er déc 1907	—	C. Cholon
7824	Pham-dinh-Linh	4 mars 1882	31 janvier 1907	—	T. Brig. active Haiphong
2931	Nguyên-van-Van..	26 juillet 1873	10 juin 1900	7 avril 1921	C. Cholón
6963	Pham-van-Nhi-...	8 mars 1878	17 juin 1905	1er juillet 1921	T. Recette comptable Haiphong
6879	Lê-van-Thièp....	mai 1877	1er juin 1905	—	T. Haiduong
6862	Giap-van-Nguu...	15 mai 1875	5 mai 1905	—	C. Service actif Saigon
7631	Vo-van-Cuong'...	8 avril 1874	21 août 1906	—	C. Phuoc-Hai (Baria)
8374	Pham van-Luc...	15 juillet 1888	18 juillet 1908	—	C. Tay-Ninh
8550	Huynh van-At...	10 mars 1879	20 janvier 1909	—	A. An-Oan (Dégi)
6964	Bui van Buong..	1882	17 juin 1905	—	T. Brigade active Haiphong
8770	Tim	1886	15 octobre 1909	—	K. Brigade active Pnom-Penh
8310	Ros	21 juin 1888	12 mai 1908	—	K. Takeo
6227	Nguyên-van-Thao	2 nov. 1876	5 mai 1902	—	A. Cua-Viêt (Quangtri)
7940	Ros	1885	1er mai 1907	—	K. Kg.-Trabec (Banam)
7635	Dô khac-Nhuong.	19 déc. 1876	1er sept. 1906	—	A. Cua-Tung (Quangtri)
7743	Truong van-On..	1881	1er nov. 1906	16 nov. 1921	C. En congé administratif
5314	Pham-van-Thi.	1869	26 février 1903	1er janvier 1922	T. Dolen (Thanh-Hoa)
7904	Tràn-van-Diên.	1868	23 avril 1907	—	T. Phu-ninh-giang (Haiduong)
8085	Nguyên van-Tac	2 août 1882	11 déc. 1907	—	T. Phu-Lô
9124	Ong-van-Doan	1er juin 1890	29 avril 1911	—	A. Brigade active Tourane
6282	An-van-Anh.	1884	10 juin 1904	—	T. 2e Bureau Haiphong
8570	Ng.-van-Thoai..	13 mai 1889	15 février 1909	—	C. Bentré
8815	Nguyên-van-Tai.	7 janvier 1884	1er janvier 1910	—	A. Cumong
9112	Tràn-van-Tan..	1892	12 avril 1911	—	C. Service actif Saigon

No matricule	NOMS	DATE de naissance	DATE d'entrée dans l'Administration	DATE de la dernière nomination	RÉSIDENCE

Surveillants de 2ème classe
(Solde annuelle : 324 $ 00)
(suite)

No matricule	NOMS	DATE de naissance	DATE d'entrée dans l'Administration	DATE de la dernière nomination	RÉSIDENCE
4335	Ly-Man	1875	1er février 1902	1er janvier 1922	T. Lach-Truong (Thanh-Hoa)
8503	Trân trong-Tung .	1885	24 déc. 1908	—	T. Phu-Nghia
8139	Nguyên van-Ha. .	20 octobre 1886	1er janvier 1908	—	A. Cumoug
8698	Nguyên-van-Hoa .	17 déc. 1886	5 juillet 1909	—	K. Vinh-Loi
8161	Pham-van-Ngong .	15 mars 1880	14 janvier 1908	—	A. Chocui (Faifoo)
8504	Nguyên-v.-Nhiên .	20 janvier 1886	1er déc. 1908	—	T. Phu-ninh-gian (Haiduong)
6804	Nguyên-v -Chinh .	5 juillet 1864	1er mai 1905	—	C. Rtte - comptable Saigon
4387	Nguyên-Tung . .	1er février 1869	1er janvier 1902	—	T. Liên-chiêu (Tourane
8158	Duong	10 août 1881	1er janvier 1908	—	K. Kompong - Bay
8056	Ng.-van-Thuong .	1878	2 nov. 1907	—	T, Vanly
9029	Ho-van Nguyên .	25 février 1888	16 nov. 1910	—	A. Phu-Cam (Huè)
7588	Néai-Em. . . .	16 sept. 1878	16 juin 1906	—	K. Kep(Kg.-Trach)
8119	Pham-van Phiên .	11 déc. 1880	16 nov. 1907	1er juillet 1922	C. Service active Saigon
7995	Doan-rieu Phuong. .	1880	6 sept. 1907	—	T. Langson
7764	Pham-van-Ba . .	8 juillet 1881	3 déc. 1906	—	T. Brigade actif Haiphong
8166	Trân-van-Tich. .	5 août 1886	30 janvier 1908	—	T. Caugiat (Phu-Nghia)
3349	Lê-van-Tu. . .	1866	3 octobre 1900	—	T. Phuly
7072	Nguyên-van-Rau .	1870	20 sept. 1905	—	T. Bach-Hac
5875	Trinh-van-Hanh	27 janvier 1867	1er déc. 1903	—	T. Ninh-Binh
8551	Nguyên-van-Lang	18 janvier 1886	1er février 1909	—	T. Brigade active Haiphong
8290	Nguyên-van-Co. .	17 avril 1884	1er mai 1908	—	C. Travinh
9139	Trân-van-Truong.	1886	1er mai 1911	—	T. Section B Haiphong
8875	Nguyên-van-Hue .	1888	16 mars 1910	—	C. Trang-Bang (Tay-Ninh)
5216	Nguyên van-Diêu	10 janvier 1870	16 déc. 1902	—	A. Dông-Trach (Xuân-Day)
8143	Nghiêm-van-Nhan	11 nov. 1887	10 juin 1908	6 juillet 1922	T. Vanly
9175	Nguyên-van-Tac	10 avril 1888	1er août 1911	1er janvier 1923	T. Bach-Hac
8806	Trân-si Anh	mai 1873	20 déc. 1909	—	L. Khône
5428	Mai-van-Que. . . .	mai 1881	18 mars 1903	—	T. Vanly
8398	Trân-van-Tân. . .	10 janvier 1886	19 août 1908	—	C. Service actif Saigon
6480	Trân-van-Tai . . .	15 avril 1881	1er octobre 1904	—	A. Vérification Quinhon
9140	Nguyên van-Hoai.	2 mai 1880	1er mai 1911	—	K. Brigade active Pnom-Penh
4662	Trân-van-Tinh. . .	1865	5 juillet 1902	—	T. Vérification Haiphong
7652	Pham-bui-Chinh .	7 juillet 1871	21 août 1906	—	T. Moncay
7781	Lê-van-Tân. . . .	19 juin 1883	12 déc. 1906	—	T. Talung (Cao-Bang)
9312	Suos	20 février 1875	3 juin 1912	—	K. Kamport (Kg. Bay
5024	Bui-Tri	1869	13 juillet 1903	—	T. Hung-Yên
8693	Trân van-Thiêt .	1884	26 juillet 1909	—	T. Quang-Yên
9220	Pham-van-Trinh .	10 octobre 1888	1er nov. 1911	—	C. Service actif Saigon

Surveillants de 2ᵉᵐᵉ *classe*
(Solde annuelle : 324 $ 00)
(suite)

Nᵒ matricule	NOMS	DATE de naissance	DATE d'entrée dans l'Administration	DATE de la dernière nomination	RÉSIDENCE
7263	Vuong kim-Bao..	1884	1er nov. 1905	1er janvier 1923	C. Châudôc
6983	Nguyên-van-Lu..	10 sept. 1879	23 juillet 1905	—	T. Vérification Haiphong
8955	Nguyên van-Trac.	5 mai 1886	21 juillet 1910	—	T. Thanh-Hoa
6721	Duong-van-Thi..	5 sept. 1880	20 mars 1905	—	T. Kiên-An
9273	Ng. van Dung..	10 octobre 1887	25 avril 1912	—	T. Bênthuy
7512	Nguyên-van-Quon	1883	20 mai 1906	—	C. Biênhoa
8769	Lê-van-Tiêm....	1er janvier 1883	10 octobre 1909	—	K. Benghi (Pnom-Penh)
8662	Dô-van Lan...	15 août 1881	1er juillet 1909	—	T. Cac-Ba
9496	Pham Do.....	10 nov. 1893	27 octobre 1913	—	A. Faifoo
7920	Pham-van-Thai..	18 août 1886	3 mai 1907	—	T. Thanh-Hoa
9410	Dang-Kinh....	20 mars 1888	26 mars 1913	—	A. Brigade active Tourane
8333	Trân viêt-Lièu..	9 août 1882	23 juin 1908	—	T. R. sub. Hanoi
9119	Truong-van-Dê.	9 avril 1886	23 avril 1911	—	A. Quang-Khé
7109	Mac-van-Ngo...	7 juillet 1866	25 sept. 1905	—	T. Brigade active Haiphong
8435	Trân-thê-Nho..	10 nov. 1883	15 octobre 1908	—	A. Quinhon
5714	Nguyên-van-Hop	1874	22 août 1903	—	T. Huug-Yên
9275	Pham-van-Giao..	12 déc. 1891	1er mai 1912	—	C. Tiên-Can (Travinh)
8408	Nguyên-van-Phat.	24 avril 1887	10 sept. 1908	—	A. Lêthuy (Donghoi)
9085	Nguyên van-Duc.	20 nov. 1886	11 février 1911	—	A. Muiné
9165	Bui ba-Chu...	12 janvier 1880	22 juin 1911	—	T. Manuf. des Tabacs Hanoi
7323	Nguyên-van-ky.	1869	5 février 1906	—	T. Phat-Diêm (Ninh-Binh)
5234	Nguyên-van-An	10 février 1870	1er janvier 1903	—	A. Tuy-Hoa (Xuânday)

N° matricule	N O M S	DATE de naissance	DATE d'entrée dans l'Administration	DATE de la dernière nomination	RÉSIDENCE

Surveillants de 2ème classe
(Solde annuelle : 324 $ 00)
(suite)

N° matri- cule	N O M S	DATE de naissance	DATE d'entrée dans l'Administration	DATE de la dernière nomination	RÉSIDENCE

Surveillants de 2ème classe
(Solde annuelle : 324 $ 00)
(suite)

N° matricule	NOMS	DATE de naissance	DATE d'entrée dans l'Administration	DATE de la dernière nomination	RÉSIDENCE
		Surveillants de 2ème classe (Solde annuelle : 324 $ 00) *(suite)*			

N° matricule	NOMS	DATE de naissance	DATE d'entrée dans l'Administration	DATE de la dernière nomination	RÉSIDÉNCE

Surveillants de 2ème classe
(Solde annuelle : 324 $ 00)
(*suite*)

N° matricule	NOMS	DATE de naissance	DATE d'entrée dans l'Administration	DATE de la dernière nomination	RÉSIDÉNCE

N° matricule	NOMS	DATE de naissance	DATE d'entrée dans l'Administration	DATE de la dernière nomination	RÉSIDENCE
			Surveillants de 3ème classe		
			(Solde annuelle : 270 $ 00)		
5502	Nguyên-van-Can.	26 avril 1870	1er avril 1903	1er janvier 1919	A. Phanthiêt
4898	Pham-van-Lai . .	14 mars 1878	1er nov. 1902	—	A. Dông Trach (Xuânday)
3121	Ha-van-Lai . . .	11 mars 1867	1er juillet 1900	1er juillet 1919	A. Dégi
6410	Nguyên-huu-Canh	1878	13 sept. 1904	—	T. Vérification Haiphong
6989	Cao-van-Nhan. .	1872	1er août 1905	—	T. Thuong-ly (Haiphong)
5528	Mai-van-Ham . .	1861	12 mai 1903	—	T. Lach-Truong (Thanh-Hoa)
7105	Bui-van-Lai. . .	1864	1er octobre 1905	—	T. Bân-Yên-Nhân (Hung-Yên)
5144	Nguyên-Triêu . .	1874	1er déc. 1902	—	T. Vanly
5938	Nguyên-Hoi . . .	2 mai 1880	10 nov. 1903	—	T. Hô-dô (Hatinh)
6494	Trân-dac-Uan . .	1879	5 nov. 1904	—	T. Xuân-Ha (Vanly)
6338	Pham-v.-Nguyên .	1882	18 juillet 1907	—	T. Kiên-An
6994	Trân-nhu-Chinh .	1er déc. 1875	1er août 1905	—	T. Nam-Dinh
6686	Truong-van-Soc .	11 juillet 1871	3 mars 1905	—	T. Vérification Haiphong
5827	Ng.-van-Chuyên .	10 avril 1872	1er janvier 1903	—	T. Thanh-Son (Phu-Nghia)
8024	Néai-Nong . . .	15 juillet 1869	18 sept. 1907	—	K. Kompong-Bay
6441	Ng. van-Trach. .	10 avril 1878	6 sept. 1904	—	A. Hué
8190	Pham-xuân-An. .	24 août 1873	28 janvier 1908	—	T. Benthuy (Thanh-Hoa)
8867	Ai-Xuong	1887	6 mars 1910	1er janvier 1920	L. Thakhek
8076	Nguyên-van-Doc .	15 sept. 1885	21 nov. 1907	—	T. Hô-dô (Hatinh)
4679	Nguyên-van-Ba. .	20 sept. 1869	22 juillet 1902	—	T. Linh-Cam (Hatinh)
7841	Pham-van-Hy . .	16 avril 1866	4 février 1907	—	T. Hailang (Nam-Dinh)
7725	Nguyên-van-My .	juin 1872	16 octobre 1906	—	T. Hamrông (Thanh-Hoa)
7573	Dang-quang-Chang	2 janvier 1881	6 juillet 1906	—	T. Vanly
6575	Bui-van-Mac. . .	24 mai 1871	14 nov. 1904	—	A. Duoug (Phanri)
9018	Trân-van-Nhân . .	22 déc 1885	2 nov. 1910	—	T. Hacoi (Moncay)
8670	Dô-quang-Dat. .	17 juin 1881	1er juillet 1907	—	T. Brigade active Haiphong
6635	An-van-Dinh. . .	24 nov. 1874	11 février 1905	—	T. Rue sub. Hanoi
7205	Ngô-van-Nguyên .	10 octobre 1875	1er déc. 1905	—	A. Distillerie Phanthiêt
8300	Nguyên-van-Chuc.	1er janvier 1879	29 mai 1908	—	T. Qui-Cao (Haiduong)
8334	Tôn-thât-Hao . . .	12 déc. 1876	25 juin 1908	—	A. Quang-Tri
6858	Vu-van-Huu	1865	23 mai 1905	—	T. Yên-Bay
8761	Pham-van-De . . .	1889	6 octobre 1909	—	C. Section A Saigon
8823	Nông-van-Anh . .	1880	1er février 1910	—	T. Lang Son
7956	Ng.-van-Chinh . .	1er février 1869	1er juin 1907	—	T. Phu-Quang (Thanh-Hoa)
6645	Ng.-van-Nghiêm. .	15 février 1879	15 février 1905	—	T. Recette comptable Haiphong
7818	Pham-ham-Hoang	20 juin 1884	10 janvier 1907	—	T. Laokay

Surveillants de 3ème classe
(Solde annuelle : 270 $ 00)
(suite)

No matricule	NOMS	DATE de naissance	DATE d'entrée dans l'Administration	DATE de la dernière nomination	RÉSIDENCE
8206	Trân thê-Tich	15 août 1876	14 février 1908	1er janvier 1920	T. Phat-Diêm (Ninh-Binh
0.052	Lê-tan-Ngan dit Mao.	7 mai 1889	15 février 1920	15 février 1920	C. Gocông
8219	Huynh-van-Trung	18 nov. 1883	1er mars 1908	1er mai 1920	A. Recette comptable Tourane
6098	Ngô-dang-Nhon	27 janvier 1878	22 mars 1904	—	T. Brigade active Haiphong
8412	Dò-van Tiêp	1er octobre 1875	16 sept. 1908	—	T. Kiên-An
6536	Sai-van-Nghiêp dit Soang	25 mai 1883	1er déc. 1904	—	T. Thanh-Hoa
8091	Dò-van-Hô	5 juillet 1885	11 déc. 1907	—	T. Ky Anh (Hatinh
7951	Vu van-Nguyên	3 août 1875	27 mai 1907	—	T. Diêm-Diên (Thai-Binh
8359	Cao-duy-Hiêu	1872	17 juillet 1908	—	T. Brigade active Haiphong
8992	Lam-van-Tiên	1887	16 sept. 1910	—	C. Tiêu-Câu (Travinh
7626	Nguyên-van-Ty	4 avril 1875	6 août 1906	—	T. Vanly
6869	Hoang-van-Huu	11 déc 1869	25 mai 1905	—	T. Phu-Nghia
7030	Mam	1887	5 juillet 1905	—	K. Stung-Treng
7889	Huynh-van-Nhon	1er janvier 1881	1er avril 1907	—	A. Hué
7836	Trân-van-Dich	25 mars 1875	1er février 1907	—	A. Bang-hoi
7210	Nguyên-van-Hau	3 mars 1876	19 déc. 1905	—	T. Nam-Dinh
5174	Ta-Nguyên	15 nov. 1867	8 déc. 1902	—	T. Xuân-Ha (Vanlý)
9202	Nguyên-van Qui	1889	16 sept. 1911	—	C. Distillerie (Baclièu)
5961	Ng.-van-Nguyên	1874	15 janvier 1904	—	T. Cac-Ba
8975	Lê-van Giu	20 juin 1885	28 août 1910	—	T. Hatinh
6180	Ngô dang-Hoa	8 juin 1883	1er mai 1904	—	T. Van-Dinh (Hanoi
9245	Lê thanh-Tai	25 déc. 1884	20 déc. 1911	—	K Kg.-Luong (Pnom-Penh
7141	Dang-dinh-Tan	5 mai 1866	5 avril 1906	—	T. Brigade active Haiphong
8932	Pham Bac dit Paul Bac	1892	1er juin 1910	—	C. Lovoi (Baria)
8860	Trân-dinh-Phuc	1885	1er mars 1910	—	T. Cac-Ba
8285	Pham van-Xuong	1er février 1881	20 mai 1908	—	T. Talung (Cao-Bang
8916	Nguyên-van-Han	sept. 1890	20 mai 1910	—	T. Phu-Tho
8926	Nguyên-van Cang	1888	6 juin 1910	—	T. R sub. Hanoi
8848	Som	1884	15 avril 1909	—	K. Kasko
8422	Denh	23 avril 1873	15 sept. 1908	—	K. Service actif Pnom-Penh
9346	Phan-cung-Hy	13 février 1888	1er juin 1912	—	C. Hatiên
8879	Ng.-van-Thich	1885	17 nov. 1908	—	K. Kompong-Thom
10.090	Pham-ngoc-Vy	20 juin 1891	25 nov. 1920	25 nov. 1920	T. Brigade active Haiphong
7428	Pham-viêt-Nghia	10 avril 1884	1er avril 1906	1er janvier 1921	T. Mui-Ngoc (Moncay
8949	Duong-van-Lua	1885	9 juillet 1910	—	T Phu-Nghia
8491	Nguyên-van Dat	2 sept. 1884	17 déc. 1908	—	T. Brigade active Haiphong

No matricule	NOMS	DATE de naissance	DATE d'entrée dans l'Administration	DATE de la dernière nomination	RÉSIDENCE
			Surveillants de 3ème classe (Solde annuelle: 270 $ 00) (suite)		
8772	Ng.-van-Xuyên	9 octobre 1888	3 nov. 1909	1er janvier 1921	T. Bac-Ninh
9033	Trân-van-Dinh	1er janvier 1891	1er sept. 1910	—	L. Paklay
8046	Lê-van-Ly	20 mai 1877	1er octobre 1907	—	A. Distillerie Nha-trang
8797	Nguyên-van-Ta	1er mai 1877	1er janvier 1910	—	T. Hailang (Nam-Dinh)
8003	Nguyên-van-Hai	1871	21 sept. 1907	—	T. Bao-Lac
7539	Dô-van-Tuyên	20 octobre 1877	1er juin 1906	—	T. Brigade active Haiphong
8683	Huynh-trung-Chanh	1888	20 juillet 1909	—	C. Bacliêu
9201	Pham-van-Phung	15 mai 1881	2 août 1911	—	C. Service actif Saigon
8518	Ng.-van-Thang	1885	31 déc. 1908	—	C. Service actif Saigon
7579	Mai-van-Vinh	1866	18 juillet 1906	—	T. Nam-Dinh
8420	Vo-van-Tuoi	1885	17 sept. 1908	—	C. Service actif Saigon
2190	Nguyên-Luong	1er avril 1872	13 nov. 1899	—	A. Badon (Quang-khé)
9296	Hua-viêt-Dau	1er mai 1887	10 juillet 1912	—	T. Dông-Dang (Langson)
8978	Dam-van Vuong	1878	1er sept. 1910	—	T. Nacham Lang-Son)
9459	Vu-van-Cham	10 juillet 1873	29 août 1913	—	T. Ninh-Tiep (Quang-Yên)
9024	Mau	1884	22 octobre 1910	—	K. Sréc-Cham (Kampot)
9244	Vo ly-Dieu	15 février 1889	16 déc. 1911	—	C. Service actif Saigon
8699	Kem	20 octobre 1882	1er sept. 1910	—	K. Kompong Thom
9133	Nguyên-van-Tan	1888	24 mai 1911	13 mars 1921	C. Bacliêu
9004	Bui-Noi	15 déc. 1889	11 octobre 1910	1er juillet 1921	T. Bênthuy
9172	Ngo-van-Duong	13 mai 1889	18 juillet 1911	—	A. Quinhon
4769	Ngo-van-Dieu	8 avril 1883	25 août 1902	—	T. Brigade active Haiphong
7647	Chu van-Tam	26 avril 1876	11 août 1906	—	T. Vanly
9425	Le Chu	15 janvier 1887	19 mai 1913	—	T. 1er Bureau Haiphong
9239	Trân-van Quang	17 sept 1889	10 déc. 1911	—	T. Nam-Dinh
9257	Nguyên van-Bup	1890	15 déc. 1911	—	C. Cailay (Mytho)
7730	Vu van-Xuan	1881	20 octobre 1906	—	T. Brigade active Haiphong
9120	Huynh-huy-Luong	16 mai 1886	11 avril 1911	—	A. Roon (Quang-khé)
9154	To van-Lien	1886	23 juin 1911	—	C. Travinh
9355	Nguyên van-Hoi	5 mai 1882	11 août 1912	—	T. Moncay
6743	Hoang-viêt-Loan	18 août 1881	5 avril 1905	—	T. Brigade active Haiphong
9289	Pham van Chi	26 avril 1884	29 mai 1912	—	T. Hongay
9279	Bui-xuan-Tung	6 mars 1889	29 avril 1912	—	T. Phu-Nghia
8741	Bui-viêt-Luân	15 mai 1886	24 sept. 1909	—	T. Hailang (Nam-Dinh)
6168	Vo van Kieng	20 avril 1880	11 avril 1904	—	A Mai-Lanh (Quangtri)

N° matricule	NOMS	DATE de naissance	DATE d'entrée dans l'Administration	DATE de la dernière nomination	RÉSIDENCE

Surveillants de 3ème classe
(Solde annuelle : 270 $ 00)
(suite)

N° matricule	NOMS	DATE de naissance	DATE d'entrée dans l'Administration	DATE de la dernière nomination	RÉSIDENCE
9417	Nguyên-van-Hon .	1888	13 mai 1913	1er juillet 1921	K. Vinh-Loi
9013	Doan-van-Chat . .	1885	1er octobre 1910	—	K. Rtte comptable Pnom-Penh
5733	Trân-van-Cu. . . .	23 octobre 1874	14 août 1903	—	A. Quangkhé
10143	Nguyên-van-Lien.	3 octobre 1890	6 sept. 1921	6 sept. 1921	C. Thudâumôt
8653	Nguyên-huu-Phuc	6 juin 1885	23 juin 1909	1er janvier 1922	T. Ngoc-Huy (Phu Nghia)
8523	Ng.-quang-Thiêu .	8 octobre 1883	9 janvier 1909	—	T. Brigade active Haiphong
9307	Rep	15 nov. 1882	21 mars 1913	—	K. Suam-Crabeu (Kg.-Bay)
9432	Nguyên-My. . . .	8 août 1887	25 mai 1913	—	T. Insp. Sédentaire Haiphong
9353	Cao-khanh-Suong.	12 août 1890	14 sept. 1912	—	C. Rtte comptable Saigon
9237	Ngô van Tho . .	1887	6 nov. 1911	—	K. Brigade active Pnom-Penh
9023	Dô-van-Thu . .	1er février 1886	8 nov. 1910	—	T. Phu-Tho (Thanh-Hoa)
7722	Nguyên van-U. .	15 sept. 1882	11 octobre 1906	—	T. Qui-Cao (Haiduong)
9354	Vu-hiêp-Hoa . .	1882	4 sept. 1912	—	T. Diêm Diên (Thai-Binh)
9785	Doan-van-Nhi. .	1894	5 octobre 1916	—	A. Lê-Uyên (Xuânday)
9710	Trân-van-Ly . .	1890	21 octobre 1915	—	D. Bureau central
8638	Ng.-van-Nghia. .	17 déc. 1885	25 mai 1909	—	A. Muiné
9569	Ng.-van-Tham. .	4 octobre 1893	2 mai 1914	—	D. Secrétariat Particulier
9050	Trân-van Daug .	4 janvier 1891	12 déc. 1910	—	C. Cangiou (Cap St-Jacques)
9533	Vu-dinh-Phu . .	1er sept. 1877	21 janvier 1914	—	T. R. sub. Hanoi
6857	Nguyên-van-Chat.	1872	20 mai 1905	—	T. Quât-Lâm (Vanly)
9690	Ngô-Que. . . .	16 octobre 1891	27 août 1915	—	A. Dégi
9317	Nguyên-van-Bay .	1888	1er août 1912	—	C. Recette comptable Saigon
9420	Lê-van-Tuy . .	20 sept. 1888	9 avril 1913	—	A. Dégi
6455	Pham-van-The. .	19 juin 1872	12 octobre 1904	—	T. Brigade active Haiphong
9632	Lê-cong-Tiêu . .	1889	24 déc. 1914	—	C. Rtte comptable Saigon
9480	Vu-Chinh. . . .	19 février 1893	4 sept. 1913	—	T. Du-Dô (Thanh-Hoa)
9313	Chu-van-Hai. . .	15 juin 1888	16 juillet 1912	—	D. 3e Bureau (Matériel)
8832	Dang-van-Diên. .	4 juillet 1885	18 février 1910	—	T. Ngoc-Giap (Thanh-Hoa)
8609	Nguyên-van-Lau.	8 avril 1881	1er avril 1909	—	K. Soairiêng
7815	Luu-dinh-Cham .	1880	10 janvier 1907	—	T. Phu-Nghia
6106	Nguyên-van-Lan .	1er mai 1879	22 mars 1904	—	T. Bênthuy (Thanh-Hoa)
9396	Chu	1887	21 mars 1913	—	K. Kompong-Chuong

N° matricule	NOMS	DATE de naissance	DATE d'entrée dans l'Administration	DATE de la dernière nomination	RÉSIDENCE
			Surveillants de 3ème classe (Solde annuelle : 270 $ 00) (*suite*)		
9136	Ouv. Poune . . .	24 janvier 1886	1er avril 1911	1er janvier 1922	K. Brigade active Pnom-Penh
9507	Cuhum Ros. . .	9 octobre 1890	15 nov. 1913	—	K. Service actif Pnom-Penh
9127	Ng.-tiên-Dung . .	1er janvier 1887	15 mai 1911	1er juillet 1922	T. Hanoi (Moncay)
9309	Chu-van-Phu . .	14 sept. 1887	13 juillet 1912	—	T. Bênthuy
9416	Trân-van-Ngoc. .	1894	1er mai 1913	—	C. Rachgia
7917	Bui-van-Bao. . .	2 nov. 1881	2 mai 1907	—	T. Haiduong
9559	Nguyên-van-Tho .	14 juillet 1892	1er avril 1914	—	C Baclieu
9697	Lu-man-Chuong .	1887	4 sept. 1915	—	T. Fort Bayard (K. T. W.)
9306	Vo dang-Lich . . .	11 nov. 1892	11 juillet 1912	—	A. Nai-Hiên (Tourane)
8886	Nguyên-van Bot . .	18 nov 1884	5 avril 1910	—	T. Tuyên-Quang
9563	Kéat-Doul	25 juillet 1893	1er avril 1914	—	K. Battambang
9749	Dô-Bich	1896	18 mai 1916	—	D. Section du P. I.
9610	Nguyên van-Nhut	28 janvier 1891	17 nov. 1914	—	C Tracu(Travinh
6633	Nguyên van-Ba . .	1883	1er février 1905	—	T. Moncay
9760	Ho-nhu-Tuân . .	28 janvier 1885	11 juin 1916	—	T. Phu-Tho
9433	Ng.-van-Nhung . .	1890	1er juin 1913	—	C. Gôcòng
9512	Su-phong-Soi. . . .	1885	8 mai 1913	—	T. Muingoc (Moncay)
9629	Bui van-Tin	1893	26 déc. 1914	—	C. Vinh-Long
9753	Phan-ho Hue . . .	1er octobre 1895	23 mai 1916	—	A. Dônghoi
9083	Nguyên-van-Hot .	20 sept. 1891	22 juin 1915	—	A. Dônghoi
8198	Nguyên-van San. .	1er mai 1881	8 février 1908	1er janvier 1923	T. Phu-Nghia
8827	Hoang-van-Tai . .	1881	12 février 1910	—	T. Bach-Hac
8717	Luong-van-Chu. .	2 janvier 1886	1er sept 1909	—	T. Bureau C. et du P. Haiphong
6150	Lê-nhu-Phuong. .	1868	9 avril 1904	—	T. Brigade active Haiphong
8863	Ros	18 déc. 1885	1er mars 1910	—	K Kampot (Kompong-Bay)
7906	Nguyên-van-Hon	1872	27 avril 1907	—	T. Fab. d'allumettes Benthuy
9528	Un	6 avril 1891	9 déc. 1913	—	K. Soairiêng
9475	Nguyên-van-Dang	1892	8 sept. 1913	—	L Paksé
7763	Do-duy-Niêp . .	1882	7 déc. 1906	—	T. Thai-Nguyên
9464	Ng yên van Quon dit Huon.	30 mars 1889	14 août 1913	—	C. Vinh-Long
9735	Samreth	15 mai 1895	1er avril 1916	—	K Bureau C. et du P. Pnom-Penh
7888	Lê-van-Chi	4 mai 1880	1er avril 1907	—	A. Brigade active Tourane
8216	Nguyên-van-Pan	10 nov. 1880	28 février 1908	—	T. Bênthuy
9088	Mel	15 juin 1891	1er février 1911	—	K. Pursat
9246	Lê-van-Biou	13 février 1893	11 déc. 1911	—	K. Kratié
9801	Ng.-duy-Luong . .	14 juillet 1891	21 octobre 1916	—	C. Service actif Saigon
7837	Vu-duc-Hoach. . .	14 juillet 1870	16 janvier 1907	—	T. Brigade active Haiphong
9825	Trân-doan-Xiêm	1896	8 février 1917	—	T. Thanh-Hoa
9800	Truong-van-Lang	20 octobre 1894	24 octobre 1916	—	A. Brigade active Tourane

N· matricule	NOMS	DATE de naissance	DATE d'entrée dans l'Administration	DATE de la dernière nomination	RÉSIDENCE

Surveillants de 3ème classe
(Solde annuelle : 270 $ 00)
(suite)

N· matricule	NOMS	DATE de naissance	DATE d'entrée dans l'Administration	DATE de la dernière nomination	RÉSIDENCE
9090	Nguyên-vau-Cong	9 janvier 1888	2 mars 1911	1er janvier 1923	T. 4e Bureau Haiphong
8482	Trân-tât-Phiên. .	14 nov. 1880	27 nov. 1908	—	T. Hatrai (Vanly)
9269	Lam-viêt-Phat. .	2 juillet 1886	14 avril 1912	—	T. Dông-Dang (Lang-Son
9045	Trân-van-Phiên .	1er mai 1887	15 déc. 1910	—	T. Hôdô Hatinh
9730	Ngô-van-Chat . .	février 1895	22 mars 1916	—	T. Hôdô (Hatinh
9156	Bou	5 mai 1889	6 juin 1911	—	K. Kep (Kg.-Trach
9764	Ngô-van-Nha. . .	8 juillet 1891	16 juin 1916	—	T. Truong Xa (Bênthuy
9627	Dô duy-Trac. . .	15 mai 1894	10 janvier 1915	—	T. Bureau C. et du P. Haiphong
9573	Dam-Duong . . .	1er nov. 1891	8 mai 1914	—	A. Bana (Tourane
8153	Nguyên-duc-Lôc .	1874	21 janvier 1908	—	T. Muingoc (Mon cay
9635	Nguyên-viêt-Luân	1887	19 janvier 1915	—	T. Vanly
9597	Pham-van-Giap. .	1890	20 juillet 1914	—	C. Service actif Saigon
9719	Pham-van-Hau . .	27 octobre 1895	13 janvier 1916	—	C. Travinh
8369	Pham van-Thin .	1er janvier 1875	24 juillet 1908	—	T. Dông-Bai (Quang-Yên
9819	Ng.-vau-Hoau . .	3 nov. 1896	20 février 1917	—	A. Brigade active Tourane
9272	Trân-van-Dzuc. .	13 octobre 1886	15 avril 1912	—	T. Lach-Truong (Thanh-Hoa
9125	Ng.-dang-Tuyên .	25 sept. 1888	21 avril 1911	—	A. Santra
7581	Ng.-van-Hoan . .	20 nov. 1870	1er juillet 1906	—	A. Distillerie Phanri
9446	Hoang-van-Ha . .	1883	5 juillet 1913	—	T. Thât-Khê (Lang Son
8598	Trân-van-Hiên. .	15 sept. 1886	13 avril 1909	—	T. Dông-Bai (Quang-Yên
9705	Pham-van-Hung .	1895	19 octobre 1915	—	D. 5e Bureau
9008	Ng.-ván-Hoach. .	1879	13 octobre 1910	—	T. Manuf. des Tabacs Bacninh
9600	Nguyên van-Hanh	1891	8 août 1914	—	T. Bach-Hac
9655	Pham-dinh-Man .	22 août 1892	16 avril 1915	—	Rue Sub. Hanoi
9779	La-luong-Canh. .	5 juin 1889	10 août 1916	—	T. Nacham (Lang-Son)
8833	Trân-van-Tuyên .	1887	20 février 1910	—	T. Phu-Tho
9618	Dang-dinh-Thai .	18 janvier 1892	13 déc. 1914	—	C. Rachgia
9406	Ng.-van-Chanh. .	15 février 1887	26 mars 1913	—	A. An-Tây (Quinhon)
9615	Nguyên-van-Cua .	27 octobre 1894	25 nov. 1914	—	C. Bentré
5249	Hoang-van-Chung	6 juillet 1876	18 janvier 1903	—	T. Xuân-Ha Vanly
8925	Nguyen-van-Em dit Trong.	1885	10 juin 1910	—	T. Phu-Lang-Thuong

N° matricule	NOMS	DATE de naissance	DATE d'entrée dans l'Administration	DATE de la dernière nomination	RÉSIDENCE

Surveillants de 3ème classe
(Solde annuelle : 270 $ 00)
(suite)

N° matricule	NOMS	DATE de naissance	DATE d'entrée dans l'Administration	DATE de la dernière nomination	RÉSIDENCE

Surveillants de 3ème classe
(Solde annuelle: 270 $ 00)
(suite)

N· matricule	N O M S	DATE de naissance	DATE d'entrée dans l'Administration	DATE de la dernière nomination	RÉSIDENCE

Surveillants de 3ᵉᵐᵉ classe
(Solde annuelle : 270 $ 00)
(*suite*)

N° matricule	NOMS	DATE de naissance	DATE d'entrée dans l'Administration	DATE de la dernière nomination	RÉSIDENCE

Surveillants de 3ème classe
(Solde annuelle: 270 $ 00)
(suite)

N· matricule	N O M S	DATE de naissance.	DATE d'entrée dans l'Administration	DATE de la dernière nomination	RÉSIDENCE

Surveillants de 3ᵐᵉ classe
(Solde annuelle : 270 $ 00)
(suite)

N° matricule	NOMS	DATE de naissance	DATE d'entrée dans l'Administration	DATE de la dernière nomination	RÉSIDENCE

Surveillants de 3ème classe
(Solde annuelle: 270 $ 00)
(suite)

No matricule	NOMS	DATE de naissance	DATE d'entrée dans l'Administration	DATE de la dernière nomination	RÉSIDENCE
			Surveillants de 4ème classe (Solde annuelle : 216 $ 00)		
7034	Lê-viêt-Tuy	1875	25 août 1905	1er janvier 1919	T. Thuong-Xa (Bênthuy)
8914	Vu-van-Hop	15 août 1880	12 mai 1910	—	T. Brigade active Haiphong
7505	Lê-van-Nghe	1er octobre 1885	12 mai 1906	—	A. Tam-ky
9000	Yt	janvier 1886	7 sept. 1910	—	K. Kompong-Trach
9400	Chau-Un	18 mai 1892	22 mars 1913	—	K. Takeo
8873	Mam	1885	1er mars 1910	—	K. Kompong-Tiam
9343	Cai-van-Noc	1892	7 août 1912	—	C. Caibé (Mytho)
7732	Luong-van-Hiên	10 octobre 1868	26 octobre 1906	1er juillet 1919	A. Coluy
6693	Doan-van-Luong	30 déc. 1875	7 mars 1905	—	T. Ninh-Tiêp (Quang-Yên)
8057	Trân-van-Muc	13 mars 1870	6 nov. 1907	—	T. R. sub. Hanoi
8209	Vu-nhât Thang	1876	21 février 1908	—	T. Brigade active Haiphong
9129	Truong-van-Xiêm	13 nov. 1883	20 mai 1911	—	C. Mytho
9193	Nguyên viêt-Ty	2 février 1884	23 juillet 1911	—	T. Vanphân (Phu-Nghia)
8088	Dô-van-Chinh	15 mai 1880	11 déc. 1907	—	T. Ngô-Dông (Nam-Dinh)
7145	Ng.-van-Nhung	11 août 1881	20 octobre 1905	—	T. Ngò-Dông (Nam-Dinh)
9262	Vu-cong-Thuc	1882	7 mars 1912	—	T. Moncay
9039	Nguyên-van-Dinh	4 déc. 1888	25 nov. 1910	—	T. Bac-Ninh
7719	Trinh-van-Chi	24 octobre 1878	25 sept. 1906	—	T. Du Dô (Thanh-Hoa)
8946	Lê-Huong	1887	1er juillet 1910	—	T. Ky-Anh (Ha-tinh)
5463	Vu-Chuoc	22 mars 1877	13 mai 1903	—	T. Brigade active Haiphong
9111	Tr.-quan-Minh	1889	1er avril 1911	—	C. Binh-Tây (Cholon)
9305	Chau-Yin	25 mars 1887	15 juillet 1912	—	K. Rocakong (Pnom-Penh)
9398	Ry	20 octobre 1882	24 mars 1913	—	K. Kampot (Kg.-Bay)
8953	Ng.-van-Quyên	20 nov. 1882	11 juillet 1910	—	A. Coluy
9395	Duong-van-Kia	1er janvier 1891	3 avril 1913	—	K. Service actif Pnom-Penh
8688	Nguyên van-An	1884	19 juillet 1909	1er janvier 1920	T. Entrepôt Vanly
6794	Ng.-van Thân	1872	28 avril 1905	—	T. Bac-Ninh
9229	Trinh-van-Diên	16 juillet 1890	10 nov. 1911	—	C. Chanh-Hung (Cholon)
9101	Nguyên-van-Canh	1880	1er mars 1911	—	L. Vientiane (R. Sub.)
7641	Ng.-van-Giang	1er nov. 1875	24 août 1906	—	T. Thanhson (Phu-Nghia)
8678	Nguyên-duc-Tuat	1880	7 juillet 1909	—	T. Cac-Ba
8711	Hoang-v.-Cuong	26 mai 1888	19 août 1909	—	T. Brigade active Haiphong
9104	Trân-gioan-Tiêp	25 juin 1890	18 mars 1911	—	T. Brigade active Haiphong

No matricule	NOMS	DATE de naissance	DATE d'entrée dans l'Administration	DATE de la dernière nomination	RÉSIDENCE

Surveillants de 4ᵉᵐᵉ classe
(Solde annuelle : 216 $ 00)
(suite)

No matricule	NOMS	DATE de naissance	DATE d'entrée dans l'Administration	DATE de la dernière nomination	RÉSIDENCE
8541	Nguyên-dinh-Do	16 février 1884	3 février 1909	1er janvier 1920	T. Brigade active Haiphong
9145	Be van-Nen	10 février 1883	5 juillet 1913	—	T. Cao-Bang
8654	Pham-van-Phong	15 janvier 1888	19 juin 1909	—	T. Moncay
9228	Tong-huu-Ung	5 février 1888	8 nov. 1911	—	T. Vérification Haiphong
8601	Bui-van-Can	1876	15 avril 1909	—	T. Talung (Cao-bang)
9310	Nguyên-van-Ai	1890	8 juillet 1912	—	T. Luc-Nam (Phu-lang-thuong)
6368	Lai van-Miên	1887	19 nov. 1912	—	T. Phu-Tho
7536	Nguyên-van-Viêt	15 février 1886	1er juin 1906	—	T. Tiêu-Bang (Kiên-An)
9390	Ng.-xuân Phuong	15 janvier 1889	26 mars 1913	—	A. Entrepôt Honecohé
7548	Bui-van-Tranh	1882	10 juin 1906	—	T. Kiên-An
8885	Pham-van-Ngam	10 août 1884	4 avril 1910	—	A. Qui-Hoa (Phu-Nghia)
8082	Vi-nhat-Quang	29 janvier 1876	28 nov. 1907	—	T. Vanly
9219	Lê-dinh-Truong	4 avril 1890	23 octobre 1911	—	T. Hôdô (Hatinh)
9385	Nguyên-van-Ly	15 juin 1887	1er avril 1913	—	C. Cailay (Mytho)
7674	Bui-van-Nghiêm	15 mars 1886	12 sept. 1906	—	T. Vanly
8299	Pham-bat-Cat	10 août 1876	27 mai 1908	—	T. Hatinh
8962	Dô-duy-Tao	3 mai 1885	9 août 1910	—	T. Bureau C et du P. Haiphong
8691	Pham-ba-Sien	1884	1er août 1909	—	T. Thuong-Xa (Bênthuy)
8738	Doan-van Chu	octobre 1888	11 sept. 1909	—	T. Phu-Nghia
9198	Ng.-van-Khoa	1880	6 sept. 1911	—	T. Phu-Nghia
8919	Phan-bui-Hoa	1er février 1891	23 mai 1910	—	T. Lach-Truong (Thanh-Hoa)
9240	Tràn-van-Gioi	24 avril 1885	15 déc. 1911	—	T. Thai-Binh
7950	Vu-van-Phuc	19 août 1884	25 mai 1907	—	T. Brigade active Haiphong
8973	Nguyên-van-Thoa	25 mars 1886	25 août 1910	—	T. Ninh-Binh
8580	Vu-cao-Doan	14 février 1884	18 mars 1909	—	T. Hôdô (Hatinh)
9441	Toch	1893	24 juin 1913	—	K. Báttambang
9583	Chhum	25 janvier 1894	1er août 1914	—	K. Kompong-Chuang
8825	Lê-van-Chan	15 déc. 1889	18 janvier 1910	1er mai 1920	C. Rtte comptable Saigon
9605	Nguyên-van-Ngu	1893	8 sept. 1914	—	T. Vanly
8954	Nguyên-van Ngoc	13 août 1886	27 juillet 1910	—	T. Ngô-Dông (Nam-Dinh)
9503	Lai-van-Gi	1888	15 nov. 1913	—	T. Van-Phân (Phu-Nghia)
9611	Vu-vao-Hoc	20 avril 1893	12 octobre 1914	—	T. Lao-Kay
8565	Lê-van-Thai	15 mai 1886	26 février 1909	—	T. Hatrai (Vanly)
9729	Ng.-khac-Chan	1896	24 mars 1916	—	T. Bach-Hac
9281	Nguyên-van-Bich	25 sept. 1890	6 mai 1912	—	T. Baolac
8643	Lê-van-Phao	15 octobre 1884	19 mai 1909	—	C. 1er Bureau Saigon
8671	Tràn-van-Dinh	8 janvier 1884	3 juillet 1909	—	T. Phu-Yên (Phu-Lô)
9557	Ngô-van-Chung	4 avril 1888	19 février 1914	—	T. Haiduong

Surveillants de 4ème classe
(Solde annuelle : 216 $ 00)
(suite)

No matricule	NOMS	DATE de naissance	DATE d'entrée dans l'Administration	DATE de la dernière nomination	RÉSIDENCE
9251	Ng.-viêt-Nghiêp	8 mars 1884	13 janvier 1912	1er mai 1920	T. Muingoc (Moncay)
8737	Ng.-van-Dang	8 février 1888	9 sept. 1909	—	T. Brigade active Haiphong
9570	Lê-van-Dac	1er nov. 1891	15 avril 1914	—	T. Thanh-Hoa
9663	Nguyên-van-Viêt	15 mars 1895	15 avril 1915	—	T. En congé administratif
9108	Dao-van-Dat	5 juin 1888	7 avril 1911	—	T. Hung-Yên
9274	Lê-quang-Nhi	1889	1er mai 1912	—	K. Tamlap
9620	Ngô-Chau	12 déc. 1890	23 nov. 1914	—	A. Hiêp-Hoa (Tamky)
9435	Nguyên-van-Ngoi	18 sept. 1889 Interruption de services : 6 mois, 8 jours	12 juillet 1913	1er janvier 1920	C. Soctrang
8189	Ng.-Ngoc-Hoan	12 octobre 1883	28 janvier 1908	22 nov. 1920	T. Brigade active Haiphong
8459	Cao-van-Dung	1886	14 juin 1909	24 nov. 1920	C. Carnau
8757	Phan-van-Cung	1885	7 octobre 1909	1er janvier 1921	A. Tam-Quan
9293	Pham-van-Tuu	14 juillet 1888	22 juin 1912	—	T. R sub. Hanoi
9372	Lê-luong-Minh	28 mars 1889	30 janvier 1913	—	A. Xuânday
9194	Lê-van-Dai	1876	23 août 1911	—	T. Hoa-Binh
9634	Vuong-viet-Than	13 mai 1890	19 janvier 1915	—	T. Thât-Khê (Lang-Son)
9253	Dang-dinh-Lam	7 octobre 1883	11 janvier 1912	—	T. Phuc-Yên (Phu-Lô)
9200	Vu-huu-Thu	15 juin 1888	1er sept. 1911	—	T. Port Wallut
9520	Nguyên-van-Tho	16 nov. 1889	19 déc. 1913	—	T. Hoa-Binh
9249	Nguyên-van-Tiêu	11 janvier 1880	10 janvier 1912	—	A. Phanthiêt
9632	Nguyên-Con	24 mai 1890	15 avril 1915	—	C. Service actif Saigon
9624	San	5 mai 1891	6 janvier 1915	—	K. Kep (Kg.-Trach)
9613	Bui-van-Nuoi	2 juin 1890	16 octobre 1914	—	A. Faifoo
8881	Truong-van-Lung	1887	6 mars 1910	—	C. Phuc-Thiên (Biên-Hoa)
9679	Lê-van-Ly	1887	23 juin 1915	—	A. Pho-Hai (Phanthiêt)
8193	Do-van-Lem	21 janvier 1886	21 janvier 1908	—	A. Brigade active Tourane
9568	Ng.-công-Minh	1891	14 avril 1914	—	T. Thai-Binh
8013	Truong-dinh-Chanh	2 nov. 1888	1er mai 1910	—	T. Brigade active Haiphong
9271	Phan-viêt-Lê	1884	15 avril 1912	—	T. Vanly
9304	Trân-van-Du	2 juillet 1891	11 juillet 1912	—	A. Banghoi
9235	Tr.-quang-Luyên	20 août 1883	20 nov. 1911	—	T. Linh-Cam (Hatinh)
9811	Trân-van-Tu	14 mars 1894	27 déc. 1916	—	A. Faifoo
9288	Truong-van-Kiêu	22 sept. 1890	24 mai 1912	—	T. Distillerie Haiduong
9086	Cung-van-Luyên	1895	11 août 1915	—	C. Tân-An
9687	Hoang-van-Cong	11 sept. 1891	11 août 1915	—	T. Moncay
9688	Nguyên-ngoc-Cu	7 juin 1890	11 août 1915	—	T. Lacquân (Nam-Dinh)
9213	Dang-quang-Quyên	14 janvier 1892	13 octobre 1911	—	T. Vanly
9389	Tôn-that-Khoai	25 sept. 1889	26 mars 1913	—	A. Hué

Surveillants de 4ème classe
(Solde annuelle : 216 $ 00)
(suite)

No matri-cule	NOMS	DATE de naissance	DATE d'entrée dans l'Administration	DATE de la dernière nomination	RÉSIDENCE
8979	Huynh-hai-Cu . .	1er janvier 1891	9 sept. 1910	1er janvier 1921	A. 3e Bureau Tourane
9704	Nguyên-huu-Quy .	1892	9 octobre 1915	—	T. Haiduong
9492	Nguyên-van-To .	25 juillet 1892	31 octobre 1913	—	C. Binh-Tu (Tân An)
9720	Trân-van-Nga . .	27 nov. 1895	1er février 1916	—	C. Soctrang
9252	Trân-van-Ky . .	10 février 1888	13 janvier 1912	—	T. 3e Circ. d'Insp. Nam-Dinh
9430	You	1887	10 mai 1913	—	K. Pursat
9506	Hem	14 avril 1890	18 nov. 1913	—	K. Srée-Umbell (Kg.-Bay)
9584	Mol	1894	1er août 1914	—	K. Kg.-Chnang
9768	Dao-duc-Hoa . .	14 juin 1895	26 juin 1916	—	T. Bach-Hac
9727	Lê-van-Huê . . .	1895	6 février 1916	—	C. Service actif Saigon
9772	Truong-van-Xin .	1er sept. 1894	5 août 1916	1er juillet 1921	A. Nhatrang
8989	Trân van-Tiêng .	5 mai 1886	9 sept 1910	—	A. Lagan (Phanri)
3363	Nguyên-van-Nghe	20 février 1877	7 octobre 1900	—	A. Xuânday
9831	Dang-huu-Liêm .	1893	7 mai 1917	—	C. Insp. Saigon
9106	Pham-van-Thu. .	15 juin 1889	7 avril 1911	—	T. Vanly
2844	Nguyên-tri Tuyên	19 janvier 1892	1er juillet 1917	—	C. Vérification Saigon
9685	Nguyên-van-Doi .	5 mai 1895	11 août 1915	—	T. Brigade active Haiphong
9781	Ng.-manh-Phiên .	15 juin 1895	29 sept. 1916	—	T. Bân-Yên-Nhân (Hung-Yên
9159	Dô-viêt-Y	1883	19 juin 1911	—	T. Tiên-Tri (Hatinh)
9408	Hoang-dinh-Khiêt	23 février 1890	26 mars 1913	—	A. Dégi
9699	Luu-van-O. . . .	20 nov. 1892	22 sept. 1915	—	C. Vinh-Long
9777	Hoang-viet-Tai dit Hoang-quoc-Kim .	23 août 1893	10 août 1916	—	T. Dông Dang (Lang-Son)
8794	Vu-van-Thiem. . .	27 nov. 1888	17 déc. 1909	—	T. Phu-lang-Thuong
9534	Nguyên-doan-Cu .	1889	22 janvier 1914	—	T. Phu-Tho (Thanh-Hoa)
9564	Bui-van-Quyêt . .	1872	6 avril 1914	—	T. Vanly
9678	Nguyên-van-Loc .	15 mars 1894	13 juin 1915	—	C. Châudôc
9199	Do-van-Khoat . . .	25 nov. 1890	11 sept. 1911	—	T. Yên-Bay
9658	Ha-cat-Vinh	1890	20 avril 1915	—	T. Thai-Nguyên
9628	Ngô-quang-Kinh .	2 mai 1894	30 déc. 1914	—	T. Phu-Lô
9214	Nguyên-van-Binh.	10 octobre 1886	13 octobre 1911	—	T. Vanly
9810	Nguyên-van-Doi.	1893	15 déc. 1916	—	C. Thu dâu-môt
9692	Kim-Nourn.	1891	23 août 1915	—	K. Soairiêng
9419	Trân-Mai. . . .	1889	30 juillet 1913	—	T. Tiên-Tri (Hatinh)
9124	Doan-van-Khoi . .	25 déc. 1889	19 avril 1911	—	T. Laokay
9621	Luu-dinh Than. .	6 juin 1895	24 déc. 1914	—	T. Thai-Binh
9746	Nguyên-van-Yen	1894	18 mai 1916	—	T. Ngoc-Giap (Thanh-Hoa)
9734	Lê-Kinh	juillet 1892	20 mars 1916	—	T. Vanly
9158	Dao-van-Tram. .	2 janvier 1884	24 juin 1911	—	T. Yên Bay

Surveillants de 4ème classe
(Solde annuelle : 216 $ 00)
(suite)

N· matri-cule	NOMS	DATE de naissance	DATE d'entrée dans l'Administration	DATE de la dernière nomination	RÉSIDENCE
9630	Nguyên-ngoc-Lap.	26 déc. 1889	28 déc. 1914	1er juillet 1921	C. Service actif Saigon
9495	Près	28 juin 1889	1er nov. 1913	—	K. Snoc-Trou (Kg.-Chnang)
9602	Kol	1886	27 août 1914	—	K. Strung-Trêng
9637	Duong-y.-Chuyên.	22 mars 1892	23 janvier 1915	—	T. Phu-Nghia
9614	Phan-van-Viên . .	18 mai 1890	16 octobre 1914	—	A. Phu-Nhon (Coluy)
9601	Ng.-thanh-Phai. .	23 avril 1889 Interruption de services : 1 an 2 mois et 14 jours	21 août 1914	1er mai 1920	C. Service actif Saigon
9280	Ng.-canh-Long . .	1er février 1887	6 mai 1912	1er janvier 1922	T. Dông-Bai (Quang-Yên)
9266	Hoang-van-Khuay	6 janvier 1884	15 avril 1912	—	T. Talung (Cao-Bang)
9776	Nong-van-Han. . .	1er février 1895	10 août 1916	—	T. Thât-Khé (Lang-Son)
9821	Khath	1896	13 février 1917	—	K. Srée-Umbell (Kg.-Bay)
9195	Ng.-quang-Anh . .	1889	5 sept. 1911	—	T. Qui-Cao (Hai-duong)
9838	Pham-Thu. . . .	1896	13 juin 1917	—	T. Phu Lang Thuong
9845	Truong-van-Ngo .	1895	10 juin 1917	—	A. Cua-Day (Faifoo)
9873	Hoang-van-Ta. .	1893	1er déc. 1917	—	T. Rtte. comptable Haiphong
9218	Vuong-van-Nhan .	15 janvier 1890	23 octobre 1911	—	T. Nam-Dinh
9858	Vo-ta-Dinh . . .	1er janvier 1892	10 sept. 1917	—	A. Inspection Nhatrang
9855	Nguyên-ngoc-Thu	1896	6 août 1917	—	T. Sontay
9693	Lê ngoc Lap . .	1er juin 1890	20 août 1915	—	L Luong-Prabang
9234	Nguyên-van-Nam	10 avril 1889	27 nov. 1911	—	T. Dô-Luong (Bênthuy)
9848	Nguyên-van-Duc .	1892	23 juillet 1917	—	C. Service actif Saigon
9881	Kéau Soum. . .	1897	8 février 1918	—	K. Sréc-Umbell (Kg.-Bay)
9814	Nguyên-van-Thi	6 janvier 1893	21 janvier 1917	—	D 2e Division
9268	Dam-van-Kiêm. .	10 juin 1884	18 avril 1912	—	T. Baolac
9890	Hô-van-Dac . . .	1899	6 mars 1918	—	C. Cangiou (Cap-St. Jacques)
9642	Nguyên-Thi . . .	14 janvier 1891	1er mars 1915	—	A. Mavang (Phan-rang)
9558	Huynh-van-Tiêp .	13 juillet 1891	26 février 1914	—	A. Quang-Van (Quinhon)
9282	Lê-dinh Khang. .	15 juillet 1887	10 mai 1912	—	T. Lach-Truong (Thanh-Hoa)
9556	Nguyên-van-Thuc	1896	1er mars 1914	—	C. Service actif Saigon
6397	Nguyên-van Buu	1887	20 août 1904	—	C. 1er Bureau Saigon
8348	Trân-dinh-Phat .	12 janvier 1882	4 juillet 1908	—	A. Cua-Tung (Quang'ri)

No matricule	NOMS	DATE de naissance	DATE d'entrée dans l'Administration	DATE de la dernière nomination	RÉSIDENCE

Surveillants de 4ème classe
(Solde annuelle : 216 $ 00)
(suite)

No matricule	NOMS	DATE de naissance	DATE d'entrée dans l'Administration	DATE de la dernière nomination	RÉSIDENCE
9856	Vu-van-Chuong .	1894	1er août 1917	1er janvier 1922	T. Vanly
9860	Cao-van-Chung .	15 août 1893	24 sept. 1917	—	T. Rlle - comptable Haiphong
9847	Nguyên-van-Hiên.	1er nov. 1892	30 juillet 1917	—	T. Phu-Ly
9297	Duong-van-Van .	1885	21 juin 1912	—	T. Lac-Quân (Nam-Dinh)
9677	Nguyên-duy-Eng .	1888	15 juin 1915	—	T. Thai-Nguyên
9713	Vu-van-Thuong .	5 mai 1886	19 nov. 1915	—	T. Tuyên-Quang
9641	Trân-van-Nhi . .	8 mai 1890	22 février 1915	—	C. Mytho
9205	Nguyên-van-Nhu .	25 mars 1881	25 juin 1912	—	T. Cac-Ba
9301	Trân-van-Tam. .	21 nov. 1890	15 mai 1912	—	C. Vérification Saigon
9851	Hô-viet-Cu . . .	8 mai 1893	26 juillet 1917	—	A. Tamky
9834	Luong-van-Thinh	6 mai 1896	17 juin 1917	—	T. Cao-Bang
9562	Pin	25 mai 1893	16 avril 1914	—	K. Touhon (Kg.-Trach)
9837	Nguyên-Lan . . .	1er janvier 1894	9 juin 1917	—	T. Thanh Son (Phu-Nghia)
9387	Bui-trong-Tuc. .	octobre 1888	24 mars 1913	—	T. Phu-Nghia
9609	Vo-van-Lo	29 sept. 1891	11 sept. 1914	—	A. Quang-Tri
9582	Tuoch	avril 1883	15 juillet 1914	—	K. Chihe (Kg.-Tiam)
9756	Sar-Long . . .	12 mars 1893	1er juin 1916	—	K. Kg.-Khléang (Kg.-Thom)
9654	Pham van Manh .	10 mai 1892	15 mars 1915	—	A. Hiêp-Hoa (Tamky
9774	Tuon	1895	9 août 1916	—	K. Kg.-Chnang
9775	Vo-van-Tinh . . .	11 août 1896	5 août 1916	—	A. Recette comp.-table Tourane
9829	Mai-dac-Mai. . .	27 mai 1894	9 mars 1917	—	C. Bureau C. et du P. Saigon
9607	Trân-van Tan . .	10 août 1894	17 sept. 1917	1er juillet 1922	T. Thât-Khê Lang-Son)
9311	Dang-dinh-Phu .	8 sept. 1886	17 juillet 1912	—	T. Brigade active Haiphong
9681	Bui-hoang-Do . .	12 nov. 1894	10 juin 1915	—	T. Hacoi (Moncay
9815	Duong-van-Thu .	1896	20 janvier 1915	—	T. Linh-Cam (Ha-tinh)
9828	Ng.-van-Thuan .	8 mars 1893	9 mars 1917	—	C. Rlle sub. Saigon
9490	Nguyên-van-Tin .	1871	14 octobre 1913	—	T. Bac-Kan
9869	Phan-van-Dau . .	1897	5 nov. 1917	—	C. Long-My (Rachgia)
9407	Huynh-ba-Noi. .	1er sept. 1888	26 mars 1913	—	A. Sahuynh
9762	Lam-quan-Minh. .	1892	19 juin 1916	—	A. Lai-An (Hué)
9444	Nguyên-van-Thoc	1891	5 juillet 1913	—	T. Dolen (Thanh-Hoa)
9813	Phan-huu-Lan. .	25 janvier 1892	17 janvier 1917	—	T. Bac-Ninh
9843	Vo-van-Kha. . . .	5 avril 1897	1er juillet 1917	—	C. Service actif Saigon
9857	Kahé	février 1894	1er août 1917	—	K. Kratié
9448	Nguyên-van-Binh.	1er mars 1892	19 juillet 1913	—	T. Phu-ninh-Giang (Haiduong)
9702	Nguyên-van-Long	1891	9 octobre 1915	—	T. Brigade active Haiphong

No matricule	NOMS	DATE de naissance	DATE d'entrée dans l'Administration	DATE de la dernière nomination	RÉSIDENCE

Surveillants de 4ème classe
(Solde annuelle : 216 $ 00)
(suite)

No matricule	NOMS	DATE de naissance	DATE d'entrée dans l'Administration	DATE de la dernière nomination	RÉSIDENCE
9669	Pham-van-But. . .	1889	13 mai 1915	1er juillet 1922	T. Tiêu-Bang (Kiên-An)
9768	Trân-van-Ri	1894	4 août 1916	—	T. Cao Bang
9616	Ngo-ngoc-Tiên. . .	1889	1er déc. 1914	—	C. Traon (Cân-Tho
9608	Trân-van-Phuc . .	25 juillet 1891	11 sept. 1914	—	A. Nhatrang
9954	Ng.-van-Trung . .	11 janvier 1897	6 déc. 1918	—	D. Bureau central
9538	Pham-van-Tac. . .	1888	10 fév. 1914	—	T. Lang-Son
9799	Nguyên-van-Chin.	7 sept 1892	23 octobre 1916	—	C. Camau
9791	Pham-van-Manh .	1893	17 octobre 1916	—	K. Kompong-Bay
9717	Nguyên-ke-Nam dit-Tho. . . .	3 déc. 1891	1er déc. 1915	1er janvier 1923	L. Insp. Indép. Vientian
9665	Ng.-van-Ngach. .	6 mars 1889	20 avril 1915	—	T. Thanh-Son (Phu Nghia
9835	Lâm-van-Tai dit Bang	1887	14 juin 1917	—	T. Nacham (Langson
9861	Vo-van-Gio dit Ty	6 juin 1893	15 octobre 1917	—	C. Manuf. d'opium Saigon
9949	Ngô-van-Hô . . .	1er juin 1896	1er déc. 1918	—	A. Inspection Tourane
9612	Pham-v.-Nguyên.	octobre 1888	17 octobre 1914	—	T. Ninh-Tiêp Quang-Yên
9822	Nguyên-van-Kha.	5 juillet 1895	13 février 1917	—	A. Faifoo
9833	Saoi	1894	2 avril 1917	—	K. Brigade active Pnom-Penh
9862	Tan-Poch	1893	1er octobre 1917	—	K. Krauchmar (Kg.-Tiam
9447	Lê-van-Man. . .	1883	20 juillet 1913	—	T. Backan
9868	Phan-van-Nga . .	1895	11 octobre 1917	—	C. Gocông
9898	Thao-So	1882	1er avril 1918	—	L. Vientiane (R. sub.
9892	Nguyên-van-Huu.	27 janvier 1892	18 mars 1918	—	T. Cac-Ba
9469	Dinh-van-My. . .	15 janvier 1890	18 août 1913	—	A. Honecohé
9733	Nguyên-van Sanh dit Ho	22 juin 1888	24 mars 1916	—	C. Vérification Saigon
9882	Oum-Tem. . . .	1897	8 février 1918	—	K. Snam-Craben (Kg.-Bay
9870	Nguyên-van-Dang.	15 nov. 1892	27 octobre 1917	—	A. Brigade active Tourane
7194	Dang-van-Long. .	1879	25 nov. 1905	—	T. Phu-Duc (Phu-Nghia)
9470	Lê-van-Ky. . . .	10 octobre 1893	18 août 1913	—	A. Bureau C et du P. Tourane
9736	Lê-van-Vang. . .	1892	2 avril 1916	—	C. Dist. An-Tich (Sadec
10.074	Nguyên-van Ben .	13 nov. 1890	16 octobre 1920	—	T. Brigade active Haiphong
9502	Mai-ngoc-Hang .	22 juillet 1892	16 mars 1913	—	T. Hongay
9664	Nguyên-van-Kiên.	23 mars 1883	17 avril 1915	—	T. Luc-Nam (Phu-lg.-thuong)
9725	Ng.-van-Thang. .	10 avril 1894	26 janvier 1916	—	C. Laithiêu (Thu-dâu một)

No matricule	NOMS	DATE de naissance		DATE d'entrée dans l'Administration	DATE de la dernière nomination	RÉSIDENCE

Surveillants de 4ème classe
(Solde annuelle : 216 $ 00)
(suite)

No matricule	NOMS		DATE de naissance	DATE d'entrée dans l'Administration	DATE de la dernière nomination	RÉSIDENCE
9789	Trân Ut.		1885	9 octobre 1916	1er janvier 1923	C. Châudôc
9633	Ng.-kim-Chung. .	4	avril 1892	16 janvier 1915	—	T. Moncay
9874	Trân-ba-Cay. .	20	mars 1897	3 déc. 1917	—	T. Brigade active Haïphong
9854	Eo		1894	9 juillet 1917	—	K. Kompong-Tram
9886	Hoang-van-Phung	20	mai 1892	3 février 1918	—	D. 5e Bureau
8755	Pham van-Viet. .		1887	1er octobre 1909	—	T. Bênthay

N° matricule	NOMS	DATE de naissance	DATE d'entrée dans l'Administration	DATE de la dernière nomination	RÉSIDENCE

Surveillants de 4ème classe
(Solde annuelle : 216 $ 00)
(suite)

N° matricule	NOMS	DATE de naissance	DATE d'entrée dans l'Administration	DATE de la dernière nomination	RÉSIDENCE

N° atricule	N O M S	DATE de naissance	DATE d'entrée dans l'Administration	DATE de la dernière nomination	RÉSIDENCE

Surveillants de 4ème classe
(Solde annuelle : 216 $ 00)
(suite)

Nº matricule	NOMS	DATE de naissance	DATE d'entrée dans l'Administration	DATE de la dernière nomination	RÉSIDENCE

Surveillants de 4ème classe
(Solde annuelle: 216 $ 00)
(suite)

No matricule	NOMS	DATE de naissance	DATE d'entrée dans l'Administration	DATE de la dernière nomination	RÉSIDENCE

Surveillants de 4ème classe
(Solde annuelle : 216 $ 00)
(*suite*)

No matricule	NOMS	DATE de naissance	DATE d'entrée dans l'Administration	DATE de la dernière nomination	RÉSIDENCE

Surveillants de 4ᵉᵐᵉ classe
(Solde annuelle : 216 $ 00)
(suite)

N° atricule	NOMS	DATE de naissance	DATE d'entrée dans l'Administration	DATE de la dernière nomination	RÉSIDENCE

Surveillants de 4ème *classe*
(Solde annuelle: 216 $ 00)
(suite)

Gardes de 1ère classe
(Solde annuelle : 198 $ 00)

No matricule	NOMS	DATE de naissance	DATE d'entrée dans l'Administration	DATE de la dernière nomination	RÉSIDENCE
9594	Lê-van-Hoan	1890	8 juillet 1914	1er juillet 1918	T. Bac-Kan
9706	Yo	20 déc. 1892	1er nov. 1915	—	K. Banam
9744	Chau-Ty	27 octobre 1892	1er mai 1918	—	K. Battambang
9752	Quach-van-Ky	1892	17 mai 1916	1er janvier 1919	T. Phat-Diêm (Ninh-Binh)
9790	Vo-van-Hen	5 février 1893	17 octobre 1916	—	K. Soairièng
9780	Ng.-van-Nhuan	17 sept 1893	7 août 1916	—	T. Laokay
8982	Lê-huu-Tho	1er juillet 1885	2 sept. 1910	1er juillet 1919	A. Recette comptable Tourane
8791	Trân-Bao	25 mai 1882	8 déc. 1909	—	A. Phanri
9784	Bui-van-Hoc	18 août 1895	19 octobre 1916	—	G. Biên-Hoa
9769	Ng.-quang-Ninh	5 janvier 1892	5 août 1916	—	T. Phû-Nghia
9292	Nguyên-van-Khue	1891	18 juin 1912	—	C. Dist. de Binh-Yên (Saigon)
9783	Trân-van-Thi	15 janvier 1892	22 sept. 1916	—	C. Cântho
9728	Nguyên-van-Gi	2 janvier 1894	24 mars 1916	—	T. Hôdô (Hatinh)
8694	Hoang-van-Dat	1885	1er août 1909	—	T. Brigade active Haiphong
9674	Huynh-van-Gon	2 janvier 1894	12 mai 1915	—	C. 3e Bureau Saigon
9691	Nguyên-van-Phat	1882	20 août 1915	1er janvier 1920	L. Paklay
9712	Nguyên-van-Dac	1893	19 nov. 1915	—	T. Port Wallut
9832	Sarik	5 mars 1896	2 avril 1917	—	K. Kg.-Tram (P.-Penh)
9751	Trân-van-Nho	10 octobre 1892	23 mai 1916	—	A. Trinh-Tuong (Phanthiêt)
9836	Nguyên-van-Nhan	1895	14 juin 1917	—	T. Backan
9827	Nguyên-van-Trach dit Cuong	1er juin 1892	9 mars 1917	—	T. Hôdô (Hatinh)
9754	Khchang	14 déc. 1891	1er juin 1916	—	K. Battambang
9763	Bui-van-Khien	1894	21 juin 1916	1er mai 1920	A. Kim-Long (Quang-Tri)
9823	Penh-Oun	1895	13 février 1917	—	K. Srée-Cham (Kg.-Bay)
7805	Cao-van-Vay	22 août 1871	10 janvier 1907	22 nov. 1920	T. Phu-Duc (Phu-Nghia)
9872	Bui-Mo	1894	6 déc. 1917	1er janvier 1921	T. Gia Lâm (Hanoi)
9877	Vo-van-Ut	1894	18 janvier 1918	—	C. Cântho
9895	Dang-si-Sinh	1er avril 1894	30 mars 1918	1er juillet 1921	T. Haiduong
9864	Pham-danh-De	1er mai 1893	15 octobre 1917	—	T. Vanly
9896	Nguyên-van-Binh	1891	26 mars 1918	—	C. Long-Xuyên
9885	Vu-trong-Luy	1893	16 février 1918	—	T. Brigade active Haiphong
9893	Vu-van-Y	1893	12 mars 1918	—	T. Tiêu-Bang (Kiên An)
9903	Nguyên cong-To	1886	5 juillet 1918	—	T. Phu-lg.-thuong
9879	Phan-xuân-Chau	1er février 1897	7 février 1918	—	A. Sontra
9878	Lê-van-Dai	1897	18 janvier 1918	—	C. Phuoc-Hai (Baria)
9816	Lê van-Dau	3 déc. 1892	26 janvier 1917	—	A. Sahuynh
9824	Phan-van-Ton	1er janvier 1896	13 février 1917	—	K. Banam
9871	Huynh dac-Khuong	5 octobre 1894	24 octobre 1917	—	A. Quang-Khê
9830	Mao	15 déc. 1898	1er avril 1917	—	K. Krauchman (Kg.-Tlam)

Gardes de 1ère classe
(Solde annuelle : 198 $ 00)
(suite)

N° matricule	NOMS	DATE de naissance	DATE d'entrée dans l'Administration	DATE de la dernière nomination	RÉSIDENCE
9451	Trân-van-Khoa. .	1887	27 août 1913	15 nov. 1921	C. Long-Xuyên
9905	Nguyên-van-Tinh.	1892	1er juillet 1918	1er janvier 1922	C. Service actif (Saigon)
9897	Huynh-v.-Thuong	12 juillet 1897	26 mars 1918	—	C. Sadec
9899	Nai-Kao. . . .	1889	1er avril 1918	—	L. Thakhek
9902	Nông-van-Phuc .	1896	13 mai 1918	—	T. Hatinh
9901	Chu-van-Xich . .	1893	27 avril 1918	—	T. Phu-Lô
9938	Nguyên-van-Van .	2 juin 1895	17 sept. 1918	—	C. Long-Xuyên
9974	Phan-ngoc-Diêu .	16 octobre 1895	27 juin 1919	—	C. Dai-Ngai (Soctrang)
9907	Huynh van-Hai. .	26 juillet 1894	24 juin 1918	—	C. Phuoc-Thiên (Biên-Hoa)
9966	Nguyên-Diêu. . .	30 déc. 1893	4 février 1919	—	A Bong-Son (Tam-Quan
9988	Siou a Sap. . . .	1896	4 avril 1919	—	T. Fort Bayard (K. T. W.)
9978	Nou-Ham	1894	3 mars 1919	—	K. 1er Bureau Pnom-Penh
9939	Lê-van-Dung. . .	5 février 1897	1er octobre 1918	—	K. Bènghi Pnom-Penh
9986	Nguyên-huu-Hô .	janvier 1895	8 avril 1919	—	T. 3e B. (Archives) Haiphong
9888	Thit-Si	1891	1er février 1918	—	L. Luong-Prabang
9577	Chau-May. . . .	19 déc. 1894	25 mai 1914	—	K. Preckoi (Pnom-Penh)
9948	Ng.-van-Chung. .	1897	5 nov. 1918	—	C. Baria
9993	Trân-van-Kinh. .	10 juin 1897	4 avril 1919	—	A. Dông-Hoi
10066	Dô-van-Bai . . .	1887	5 août 1920	1er juillet 1922	T. 3e Bureau Haiphong
9984	Ng.-công-Khuê. .	1894	9 avril 1919	—	T. Cac Ba
9937	Lê-van-Nhung . .	1894	27 sept. 1918	—	C. Cântho
9967	Nguyên-van-Ky. .	10 janvier 1898	15 janvier 1919	—	C. Tân-Châu Châu-Dôc
10035	Ha-duc-Liêu. . .	15 sept. 1895	1er sept. 1919	—	A. Brigade active (Tourane)
9853	Pen Ouch. . . .	1894	9 juillet 1917	—	K. Kg.-Khléang (Kg.-Thom
9970	Sim Bouth. . . .	1894	13 fév. 1919	—	K. 3e Bureau (Pnom-Penh)
9951	Nguyên van-Mai .	1898	1er déc. 1918	—	C. Service actif (Saigon)
9956	Ng.-van-Thang. .	1896	20 déc. 1918	1er janvier 1923	L. Paklay
9867	Nguyên-van-Toan.	7 février 1892	11 octobre 1917	—	C. Cai-Bé (Mytho)
10001	Nguyên-van-Phi .	15 déc. 1897	5 mars 1919	—	A. Nhatrang
9941	Koy-Tuc. . . .	janvier 1894	1er octobre 1918	—	K. Battambang
9992	Keo Luy. . . .	1896	18 avril 1919	—	K. Kasko
10027	Nguyên-Trang . .	1892	13 sept. 1919	—	T. Phu-Duc (Phu-Nghia)
10017	Ng.-van-Chach . .	20 mai 1898	5 juillet 1919	—	T. Quang-Yên
9952	Dinh-van-Hap. . .	10 mars 1898	15 nov. 1918	—	A. Sontra
10033	Pham-Han	2 déc. 1895	30 sept. 1919	—	A. Cumông
10005	Cao-van-Tung . .	10 juin 1898	28 juin 1919	—	C. Vérification (Saigon)

No matricule	N O M S	DATE de naissance	DATE d'entrée dans l'Administration	DATE de la dernière nomination	RÉSIDENCE

Gardes de 1ère classe
(Solde annuelle : 198 $ 00)
(suite)

No matricule	N O M S	DATE de naissance	DATE d'entrée dans l'Administration	DATE de la dernière nomination	RÉSIDENCE
9973	Pham-v.-Nghinh	1896	16 janvier 1919	1er janvier 1923	T. Sontay
9999	Lê-van-Mac	10 août 1899	13 mai 1919	—	Γ.
9990	Hum	1895	4 avril 1919	—	K. Recette comptable (P.-Penh
9987	Liu-phong-Cong.	1897	4 avril 1919	—	T. Fort Bayard (K. T. W.)
10120	Nguyên-van-Phuc	22 sept. 1891	19 avril 1921	—	C. Hon-Chong (Hatiên
9981	Vu-Ban	4 juillet 1895	11 avril 1919	—	Γ. Qui-Cao (Hai-duong)
10006	Lê-van-Thanh	15 nov. 1896	1er juillet 1919	—	C. Hatiên
10007	Nguyên-van-Ba.	1896	11 juin 1919	—	A. Honecohé
10089	To-van-Thanh	17 avril 1898	10 nov. 1920	—	K. Kg-Kandal (Kg-Bay)
9982	Pham-v.-Chuyen	1899	4 avril 1919	—	T. Phu-Doan (Phu-Tho)
9969	Kem-You	10 janvier 1898	13 février 1919	—	K. Bassac Pnom-Penh
10063	Nguyên-van-Dam.	1894	26 juin 1920	—	T. Bach-Hac
10062	Lê-Chung-Vinh.	10 mars 1896	28 juin 1920	—	D. Bureau central

N⁰ matricule	N O M S	DATE de naissance	DATE d'entrée dans l'Administration	DATE de la dernière nomination	RÉSIDENCE

Gardes de 1ère classe
(Solde annuelle : 198 $ 00)
(suite)

N⁰ matricule	N O M S	DATE de naissance	DATE d'entrée dans l'Administration	DATE de la dernière nomination	RÉSIDENCE

No matricule	NOMS	DATE de naissance	DATE d'entrée dans l'Administration	DATE de la dernière nomination	RÉSIDENCE

Gardes de 1ère classe
(Solde annuelle : 198 $ 00)
(*suite*)

No matricule	NOMS	DATE de naissance	DATE d'entrée dans l'Administration	DATE de la dernière nomination	RÉSIDENCE
			Gardes de 2ème classe (Solde annuelle : 180 $ 00)		
9991	Ly-Var	juin 1895	18 avril 1919	1er janvier 1921	K. Kompong-Bay
9983	Vu-van-Dai . .	1896	11 avril 1919	1er juillet 1921	T. Du-Dò (Thanh-Hoa)
10008	Dang-van Vi . .	22 juillet 1897	5 juillet 1919	—	C. Sadec
9985	Nguyên-van-Nuoi.	1er sept. 1896	12 avril 1919	—	T. Vanly
9972	Vo-van-Dai . .	juin 1894	13 fév. 1919	—	K. Vinh-Loi
9971	Po	juillet 1898	13 février 1919	—	K. Kg.-Thom
10003	Lu-van-Duoc . .	3 juillet 1897	16 mai 1919	—	C. Trang-Bang (Tây-Ninh)
9599	Tràn-van-Tuan. .	22 février 1894	9 juillet 1914	19 octobre 1921	T. Sontây
9998	Nguyên-van-Tong	10 avril 1894	11 mai 1919	1er janvier 1922	T. Tuyên-Quang
10059	Luong van-Bao. .	20 mars 1897	1er mars 1920	—	T. Ta-Lung (Cao-Bang)
10041	Pham-van-Thuôc.	1899	10 octobre 1919	—	T. Moncay
10009	Tràn-van-Dua . .	2 avril 1899	11 juin 1919	—	C. Hongchong (Hatiên)
10092	Quan-huu-Toan .	1899	24 nov. 1920	—	T. Magasin ppal Haiphong
10015	Say-Saith	1895	1er août 1919	—	K. Ilot Coîre (Kg.-Bay)
10064	Phan-cong-Quy .	16 février 1895	28 juin 1920	—	D. 3e Bureau
10053	Nguyên-van-Tu. .	23 sept. 1898	6 février 1920	—	C. Service actif Saigon
10045	Tio-Ko-Sine . .	1893	1er janvier 1920	—	T. Fort-Bayard (K. T. W.)
10010	Pham-van-Khoe .	27 nov. 1895	5 juillet 1919	—	C. Hatiên
10036	Vo van-Chang dit Man	2 avril 1898	22 sept. 1919	—	C. Thot-Not (Long Xuyên)
10048	Koum	31 déc. 1894	10 déc. 1919	—	K. Pursat
10087	Dô-van-Boc . .	1899	10 nov. 1920	—	K. Inspection Pnom-Penh
10055	Som-Uon . . .	1895	12 février 1920	—	K. Brigade active Pnom-Penh
10080	Nguyên-van-Ngo .	7 mars 1895	28 octobre 1920	—	C. Service actif Saigon
10069	Vu-van-Nghiêm. .	6 juin 1897	11 août 1920	—	T. Vanly
10085	Nguyên-duy-Ban.	juin 1895	10 nov. 1920	—	K Kg.-Trach
10057	Trân-doan-Sac. .	8 nov. 1887	14 février 1920	—	K. Kep (Kg.-Trach)
10093	Bui-xuân Sinh . .	5 mars 1898	1er déc. 1920	1er juillet 1922	T. Laokay
10056	Nguyên-van-Giam	20 juillet 1895	9 février 1920	—	C. Service actif Saigon
10032	Lê-van-Am . . .	30 déc. 1887	20 sept. 1919	—	A. Sahuynh
10029	Mai-xuân Lan . .	12 mai 1897	8 sept. 1919	—	T. 4e Circ. d'Insp. Benthuy
10068	Truong-van-Phuong. . .	5 mai 1897	10 août 1920	—	T. R. sub. Hanoi
10076	Tràn-van-Huong .	13 mai 1898	12 octobre 1920	—	D. 5e Bureau
10099	Nguyên-si-Luong.	3 avril 1896	6 janvier 1921	—	D. Bureau central
10014	Lê-van-Duyen. .	12 août 1896	1er avril 1921	—	D. 3e B. (Matériel)
10070	Ngô-van-Minh . .	30 juillet 1896	5 août 1920	—	T. Tiêu-Bang (Kiên-An)
10079	Dong-van-Lo . .	1er mai 1894	18 octobre 1920	—	T. Diêm-Diên (Thai-Binh)
10083	Bui-van-To . .	7 déc. 1893	4 déc. 1920	—	C. Service actif Saigon
10081	Le-van-Sinh . .	23 juin 1897	28 octobre 1920	—	T. Vanly

No matricule	NOMS	DATE de naissance	DATE d'entrée dans l'Administration	DATE de la dernière nomination	RÉSIDENCE

Gardes de 2ème classe
(Solde annuelle : 180 $ 00)
(suite)

No matricule	NOMS	DATE de naissance	DATE d'entrée dans l'Administration	DATE de la dernière nomination	RÉSIDENCE
7482	Thang-v.-Thang	5 mai 1881	26 avril 1906	30 déc. 1922	A. Phanri
10082	Nguyên-van-Cu	13 nov. 1894	26 octobre 1920	1er janvier 1923	C. 3e B Saigon
10086	Do-van-Giai	1896	10 nov. 1920	—	T. 1er Circ d'Insp Haiphong
10050	Nguyên-chi-Truoc	1896	26 déc. 1919	—	L. Luong-Prabang
10097	Dinh-van-Doc	20 nov. 1891	17 déc. 1920	—	K. Kompong-Bay
10102	Do-huu-Voc	1896	2 février 1921	—	T. Ky Anh Hatinh
10110	Vo-van-Tan	25 déc. 1896	23 février 1921	—	A. Brigade active Tourane
10058	Thao-kham-Phoui	1894	4 février 1921	—	L. Savannakhet
10100	Pham-Nguyen	22 mai 1900	6 janvier 1921	—	D. 3e Bureau
10107	Pham-van-Ngai	1889	31 janvier 1921	—	T. Cac-Ba
10146	Dinh quoc-Thai	1er juin 1893	3 sept. 1921	—	T. Laokay
10054	Tim Keth	1897	12 février 1920	—	C. Battambang
10159	Pham quoc-Cam	13 février 1899	17 août 1921	—	C. Camau
10157	Nguyên-van-Dam	20 mai 1897	8 sept. 1921	—	K. Rach-Gia
10148	Vu-phuong-Cuc	1er octobre 1892	1er sept. 1921	—	T. Brigade active Haiphong
9807	Ng.-trung-Khuyen	1895	21 déc. 1916	—	T. Laokay
10150	Lê-van-Hieu	12 avril 1900	1er nov. 1921	—	A. Tam-Quan
10189	Ng.-khac-Nguyên	10 sept. 1896	9 nov. 1921	—	C. Bureau C. et du P. Saigon
10141	Ng.-van-Phung	2 janvier 1897	6 juillet 1921	—	C. Recette comptable Saigon
10065	Pham-van-Dan	1896	28 juin 1920	—	K. Brigade active Pnom-Penh
10096	Do-van-Lai	28 déc. 1890	17 déc. 1920	—	K. Brigade active Pnom-Penh
10123	Bui-Chuong dit Bui-Vien	2 février 1898	6 avril 1921	—	T. Mui-Ngoc (Mon-cay)
10155	Dang-van-Kich	1er janvier 1898	17 août 1921	—	C. Baclieu
10067	Truong-van-Dang	1897	17 août 1920	—	C. Tây-Ninh
10098	Dang-dinh Try	20 octobre 1897	17 déc. 1920	—	K. Kg.-Trach
10135	Dô quang-Hai	5 déc. 1891	20 juin 1921	—	C. Duong-Dông
10136	Dinh-van-Chinh	20 juin 1898	16 juillet 1921	—	T. Phu-Doan (Phu-Tho
10077	Trân-van-Thu	4 janvier 1900	19 octobre 1920	—	T. Laokay
10138	Ng.-quang-Can	1895	6 juillet 1921	—	C. Trang-Bang (Tây-Ninh
10140	An van-Kinh	6 juillet 1897	6 juillet 1921	—	T. Cac-Ba

No matricule	N O M S	DATE de naissance	DATE d'entrée dans l'Administration	DATE de la dernière nomination	RÉSIDENCE

Gardes de 2ème classe
(Solde annuelle : 180 $ 00)
(suite)

N· matricule	NOMS	DATE de naissance	DATE d'entrée dans l'Administration	DATE de la dernière nomination	RÉSIDENCE

Gardes de 2ème classe
(Solde annuelle : 180 $ 00)
(*suite*)

N° matri- cule	N O M S	DATE de naissance	DATE d'entrée dans l'Administration	DATE de la dernière nomination	RÉSIDENCE

Gardes de 2ème classe
(Solde annuelle : 180 $ 00)
(suite)

Nº matri-cule	NOMS	DATE de naissance	DATE d'entrée dans l'Administration	DATE de la dernière nomination	RÉSIDENCE

Gardes de 2ème classe
(Solde annuelle : 180 $ 00)
(*suite*)

No matricule	NOMS	DATE de naissance	DATE d'entrée dans l'Administration	DATE de la dernière nomination	RÉSIDENCE

Gardes de 3ème classe
(Solde annuelle : 162 $ 00)

No matricule	NOMS	DATE de naissance	DATE d'entrée dans l'Administration	DATE de la dernière nomination	RÉSIDENCE
10075	Ngô-ngoc-Kinh	1899	21 octobre 1920	21 octobre 1920	T. Cac-Ba
10088	Nguyên-v.-Tuyêt	10 octobre 1899	10 nov. 1920	10 nov. 1920	K. Kep (Kg.-Trach)
10091	Lê-dinh-Uc	17 nov. 1897	29 nov. 1920	29 nov. 1920	T. Brigade active Haiphong
40094	Nguyên-van-Su	nov. 1897	21 déc. 1920	21 déc. 1920	L. Paksé
10095	Boun-Tham	23 mai 1899	23 déc. 1920	23 déc. 1920	L. Khône
10108	Truong-van-Dam	1er janvier 1898	28 janvier 1921	28 janvier 1921	T. R. sub. Hanoi
10101	Nguyên-van-Lac	6 mars 1900	—	—	T. Phu-Ly
10103	Dô-van-Dinh	4 janvier 1898	2 février 1921	2 février 1921	K. Brigade active Pnom-Penh
10104	Nguyên-van-Tiêu	1898	—	—	K. Vinh-Loi
10105	Dô-van-Dich	15 déc. 1895	—	—	K. Stung-Treng
10111	Nguyên-van-Phe	1899	15 février 1921	15 février 1921	T. 4e Circ. d'Insp. Bênthuy
10113	Tràn-van-Kha	31 déc. 1900	21 février 1921	21 février 1921	K. Tonhon (Kg.-Trach)
10121	Ly-van-Nguyên	15 octobre 1899	31 mars 1921	31 mars 1921	C. Hatiên
10125	Tràn-van-Tha	24 juillet 1896	1er avril 1921	1er avril 1921	D. 4e Bureau
10118	Nguyên-van-Ky	14 juillet 1897	8 avril 1921	8 avril 1921	T. Thanh-Son (Phu-Nghia)
10116	Trân-van-Yên	29 déc. 1890	9 avril 1921	9 avril 1921	T. R. sub. Hanoi
10115	Hoang-van-Dat	27 juillet 1898	11 avril 1921	11 avril 2921	T. Hung-Hoa (Phu-Tho)
10122	Nguyên-van-Ky	1901	13 avril 1921	13 avril 1921	T. Hung Hoa (Phu Tho)
10131	Pham-van Thi	15 janvier 1901	15 juin 1921	15 juin 1921	D. 3e Bureau Matériel FFons de Secrétaire
10126	Pham-van-Phuc dit Hoi	28 nov. 1891	22 juin 1921	22 juin 1921	T. Brigade active Haiphong
10127	Nguyên-van-Chi	1898	27 juin 1921	27 juin 1921	T. Vanly
10128	Nguyên-si-Van	1er mai 1897	—	—	D. Bureau central
10129	Nguyên-van-Duc	15 nov. 1898	—	—	T. Brigade active Haiphong
10130	Trân van-Nho	1898	28 juin 1921	28 juin 1921	T. Hongay
10134	Duong-van-Nuoi	24 sept 1893	1er juillet 1921	1er juillet 1921	C. Duong-Dông
10139	Boun Hao	1896	6 juillet 1921	6 juillet 1921	L. Khône
10137	Cao-xuan Que	1900	16 juillet 1921	16 juillet 1921	T. Vanly
10133	Dang-van-Tich	20 sept 1893	23 juillet 1921	23 juillet 1921	C. Duong Dông
10144	Pham van-Thinh	25 sept. 1897	17 août 1921	17 août 1921	D. Bureau C. et du P. (A. et R
10156	Dang-van-Trong	2 juin 1898	—	—	C. Recette comptable Saigon
10145	Hoang-dinh-Hoi	15 déc. 1898	22 août 1921	22 août 1921	D. 5e B. (FFons de Secrétaire)
10151	Lê-cong-Thao	1892	27 août 1921	27 août 1921	A. Honecohé
10152	Hoang-van-Sang	1893	—	—	A. Phanthiêt
10160	Ngô-van-Ngoc	25 juillet 1897	—	—	C. Service actif Saigon
10147	Trân-huu-Van	1898	1er sept. 1921	1er sept. 1921	T. Ngoc-Giap (Thanh Hoa)
10153	Phan-van-Ky	1893	5 sept. 1921	5 sept. 1921	C. Laithiêu (Thu-dàumôt)
10154	Vo van-Tay	22 sept. 1893	—	—	C. Châudôc
10161	Miech-Pen	12 juin 1899	6 sept. 1921	6 sept. 1921	K. Brigade active Pnom Penh

No matricule	NOMS	DATE de naissance	DATE d'entrée dans l'Administration	DATE de la dernière nomination	RÉSIDENCE

Gardes de 3ème classe
(Solde annuelle : 162 $ 00)
(suite)

No matricule	NOMS	DATE de naissance	DATE d'entrée dans l'Administration	DATE de la dernière nomination	RÉSIDENCE
10149	Phan-Ve	25 février 1899	11 sept 1921	11 sept. 1921	A. Banghoi
10162	Tol-Dim. . . .	15 avril 1901	13 sept. 1921	13 sept. 1921	K. Kathom (Pnom-Penh
10158	Lê-tan-Khe . . .	18 janvier 1899	30 sept 1921	30 sept. 1921	C. Châu-dôc
10190	Ngô-van-Chon . .	1896	9 nov. 1921	9 nov. 1921	C. Biên-Hoa
10193	Doan-Sang . . .	16 nov. 1896	12 nov. 1921	12 nov. 1921	K. Brigade activ Phom-Penh
10192	Do-van-Qui. . . .	1892	16 nov. 1921	16 nov. 1921	C. Service actif Saigo
10191	Ng.-van-Thanh dit Ho	21 avril 1892	30 nov. 1921	30 nov 1921	C. Bentré
10197	Trân-dinh-Nhuong	1892	4 déc. 1921	4 déc. 1921	K. Soc-Noc (Soairiêng)
10198	Pham-van-Lam. .	1888	28 déc. 1921	28 déc. 1921	T. Cao-Bang
10199	Hua-nhi-Lam . .	1898	30 déc. 1921	30 déc. 1921	T. Nacham (Lang Son
10200	Ha-van-Dan. . .	15 juin 1901	31 déc. 1921	31 déc. 1921	C. Service actif Saigon
10201	Nguyên-huu-Khoi	35 octobre 1898	1er janvier 1922	1er janvier 1922	T Recette comptable Haiphon
10203	Pham-van-Dinh. .	24 janvier 1897	1er janvier 1922	1er janvier 1922	T. Linh-cam (Hatinh)

N° matricule	NOMS	DATE de naissance	DATE d'entrée dans l'Administration	DATE de la dernière nomination	RÉSIDENCE

Gardes de 3ème classe
(Solde annuelle : 162 $ 00)
(*suite*)

N° matricule	NOMS	DATE de naissance	DATE d'entrée dans l'Administration	DATE de la dernière nomination	RÉSIDENCE
		Gardes Stagiaires (Solde annuelle : 162 $ 00)			
10208	Nguyên-công-Sinh	1902	25 janvier 1922	25 janvier 1922	A. Tam-Ky
10204	Trân-phuoc-Cung	5 juin 1898	1er février 1922	1er février 1922	A. Brigade active Tourane
10205	Ng.-van-Luong.	15 nov. 1898	—	—	A. Recette-comptable Tourane
10222	Trân-dinh-Long	1er octobre 1901	21 mars 1922	21 mars 1922	T. Brigade active Haiphong
10226	Nguyên-van-Tan	5 mai 1898	23 mars 1922	23 mras 1922	C. Tân-An
10227	Ng.-qui Duong.	1893	—	—	T. Vanly
10218	Nguyên-huu-Kinh.	26 déc. 1897	24 mars 1922	24 mars 1922	D. Bureau central
10221	Nguyên-van-Than	2 juillet 1894	25 mars 1922	25 mars 1922	T. Hôdô (Hatinh
10223	Phuong-van-Sang.	14 juillet 1900	—	—	T. Nacham (Lang-Son)
10219	Truong-van-Kinh.	1894	27 mars 1922	27 mars 1922	T. Cac-Ba
10220	Vu-công-Thi.	1897	28 mars 1922	28 mars 1922	T. Phu-Nghia
10217	Trân-van-Tiên.	9 mai 1895	1er avril 1922	1er avril 1922	T. Hoa-Binh
10224	Lê-van-Ton.	25 mai 1898	—	—	A. Xuân-Day
10225	Trân-van-Vinh dit Phan.	28 février 1895	10 avril 1922	10 avril 1922	C. Tân-Châu (Châudôc)
10234	Mao-Chhit.	15 février 1897	7 juin 1922	7 juin 1922	K. Snoc-Trou (Kg.-Chnang)
10236	Duong-van-Nguu.	20 août 1897	—	—	K. Brigade active Pnom-Penh
10239	Trân-tat-Can	10 octobre 1892	28 juin 1922	28 juin 1922	A. Dist. Phanrang
10238	Van-a-Tai	1894	1er juillet 1922	1er juillet 1922	T. Fort-Bayard (K. T. W.
10250	Vo-Tinh.	15 mai 1898	20 juillet 1922	20 juillet 1922	A. Mai-Lanh (Quang-Tri
10261	Ng.-duy-Thuong.	25 février 1897	—	—	D. 3e Bureau (Matériel
10245	Pham-van-Tuy.	1889	1er août 1922	1er août 1922	T. Brigade active Haiphong
10246	Trân-dinh-Thu	1897	—	—	T. Yên-Bay
10255	Vu-van-Thiên.	1899	4 août 1922	4 août 1922	T. Laokay
10259	Tar.	19 février 1902	—	—	K. Brigade active Pnom-Penh
10248	Vu-dinh-Quy	1897	5 août 1922	5 août 1922	T. Phu-Lô
10251	Lê-van-Do	février 1896	—	—	C. Service actif Saigon
10252	Vo-van-He	10 juin 1899	7 août 1922	7 août 1922	C. —
10244	Nguyên-van-Bien.	6 avril 1901	8 août 1922	8 août 1922	T. Vanly
10247	Do-van-Son.	28 juillet 1900	—	—	T. Brigade active Haiphong
10249	Vu-van-Thinh	27 mars 1899	—	—	T. Phu-Ly
10243	Oui-tchéou-Yeu.	1895	9 août 1922	9 août 1922	T. Fort-Bayard (K. T. W.)
10260	Nguyên-khac-Sinh	10 déc. 1898	12 août 1922	12 août 1922	C. Service actif Saigon
10254	Trân-van-Pha	nov. 1897	14 août 1922	14 août 1922	C. Tân-An
10257	Lê-quang-Sac	11 avril 1900	—	—	C. Sadec
10258	Nghiêm-v-Nguyen	12 juin 1898	—	—	C. Service actif Saigon

No matri-cule	NOMS	DATE de naissance	DATE d'entrée dans l'Administration	DATE de la dernière nomination	RÉSIDENCE

Gardes Stagiaires
(Solde annuelle : 162 $ 00)
(suite)

No matri-cule	NOMS	DATE de naissance	DATE d'entrée dans l'Administration	DATE de la dernière nomination	RÉSIDENCE
10253	Lê-qui-Can	2 août 1891	1er octobre 1922	1er octobre 1922	C. Caolanh (Sadec
10282	Nguyên-van-Giac.	5 mai 1900	1er nov. 1922	1er nov. 1922	D. B. central affectation provisoire
10281	Trân-van-Duy . .	11 août 1902	9 nov. 1922	9 nov. 1922	T. Backan
10286	Trân-duc-Thung .	1899	17 nov. 1922	17 nov. 1922	A. Brigade active Tourane
10284	Ngô-van-San. . .	1899	23 nov. 1922	23 nov. 1922	C. Bureau C. et du P. Saigon
10285	Trân-q.-Thuong.	1901	—	—	C. Service actif Saigon
10280	Pham-Henh . . .	1899	24 nov. 1922	24 nov. 1922	C. Baria
10283	Ng -thanh-Xuot.	1900	—	—	C. Recette comptable Saigon
10302	Nguyên-khac-Hiêu	mars 1900	6 janvier 1923	6 janvier 1923	A. Inspection Quinhon
10298	Trân-van-Thi. . .	1899	11 janvier 1923	11 janvier 1923	T. Recette comptable Haiphong
10295	Lê-trong-Chi . . .	1897	15 janvier 1923	15 janvier 1923	T. Vanly
10299	Pham-khac-Xuong	1902	—	—	T. Xuân-Ha (Vanly)
10294	Lê-ba-Thach. . .	10 mai 1902	16 janvier 1923	16 janvier 1923	T. Tuyên-Quang
10297	Ng.-van-Nghiem .	1901	—	—	T. Laokay
10296	Ng.-huu-Phiet . .	1895	17 janvier 1923	17 janvier 1923	T. Laokay
10304	Trang-Dieu. . . .	1899	18 janvier 1923	18 janvier 1923	A. Distillerie Faifoo
10303	Huynh-ba-Suu. .	14 octobre 1900	22 janvier 1923	22 janvier 1923	A. Hué
10300	An van Truoc . .	1901	23 janvier 1923	23 janvier 1923	T. Port Wallut
10301	Trân-vinh-Sinh. .	25 déc. 1898	1er février 1923	1er février 1923	C. Sadec
10305	Nai Sone. . . .	1896			L.

N·matricule	NOMS	DATE de naissance	DATE d'entrée dans l'Administration	DATE de la dernière nomination	RÉSIDENCE

Gardes Stagiaires
(Solde annuelle : 162 $ 00)
(suite)

N° matri- cule	N O M S	DATE de naissance	DATE d'entrée dans l'Administration	DATE de la dernière nomination	RÉSIDENCE

Gardes Stagiaires
(Solde annuelle: 162 $ 00)
(*suite*)

N° matricule	NOMS	DATE de naissance	DATE d'entrée dans l'Administration	DATE de la dernière nomination	RÉSIDENCE

Gardes Stagiaires
(Solde annuelle : 162 $ 00)
(*suite*)

N° matricule	NOMS	DATE de naissance	DATE d'entrée dans l'Administration	DATE de la dernière nomination	RÉSIDENCE

Gardes Stagiaires
(Solde annuelle : 162 $ 00)
(*suite*)

Nᵒ matricule	NOMS	DATE de naissance	DATE d'entrée dans l'Administration	DATE de la dernière nomination	RÉSIDENCE

SERVICE DE LA FLOTTILLE

MACHINERIE

Mécaniciens - chefs de 1ère classe
(Solde annuelle : 840 $ 00)

Nᵒ matricule	NOMS	DATE de naissance	DATE d'entrée dans l'Administration	DATE de la dernière nomination	RÉSIDENCE
7913	Nguyên-van-Qui.	1871	4 mai 1907	1er janvier 1921	C. Chaloupe « Lynx »
2229	Ly-Sang	20 juillet 1875	6 nov. 1899	1er janvier 1922	T. Chaloupe « Laokay »
7872	Nguyên-van-Loi .	1874	30 mars 1907	1er juillet 1922	T. Chaloupe « Joffiette »
2241	Ng.-dinh-Phat dit Luong-Fat. . .	26 mars 1877	31 déc. 1894	1er janvier 1923	T. Chaloupe « Tuyên-Quang »
6503	Dang-van-Hau. .	15 janvier 1883	1er octobre 1904	—	K. Chaloupe « Ondine »

N o matricule	N O M S	DATE de naissance	DATE d'entrée dans l'Administration	DATE de la dernière nomination	RÉSIDENCE
		Mécaniciens - chefs de 2ème classe (Solde annuelle : 762 $ 00)			
7497	Truong-van-Ba . .	12 févrter 1868	3 juin 1906	1er juillet 1921	A. Brigade active Tourane
8746	Trân-van-Ky . .	1879	7 octobre 1909	1er janvier 1922	T. Chaloupe « Inga »
3410	Truong-duc-Chinh . . .	1862	25 déc. 1900	1er janvier 1923	T. Chaloupe « Laokay »
8313	Dô-van Cu . . .	1873	12 juin 1908	—	T. Ateliers de la flotille Haiphong

N° matricule	NOMS	DATE de naissance	DATE d'entrée dans l'Administration	DATE de la dernière nomination	RÉSIDENCE
	Mécaniciens de 1ère classe (Solde annuelle : 684 $ 00)				
6845	Ng.-thanh-Sanh	15 octobre 1875	1er avril 1905	1er juillet 1917	C. Chaloupe « Lynx »
2244	Ho-tsiou-Chéong	20 sept. 1881	11 nov. 1899	1er janvier 1919	T. Chaloupe « Inga »
4641	Hong-long-Cau	13 mai 1881	17 juin 1902	1er juillet 1921	A. Canot « Zelée »
9146	Pham-van-Trân	4 avril 1882	1er juillet 1911	1er janvier 1922	K. Chaloupe « Choben »
8945	Lê-van-Duoc	13 déc. 1888	1er juin 1910	1er janvier 1923	K Chaloupe « Ondine »

N° matricule	NOMS	DATE de naissance	DATE d'entrée dans l'Administration	DATE de la dernière nomination	RÉSIDENCE

Mécaniciens de 2ème classe
(Solde annuelle : 606 $ 00)

N° matricule	NOMS	DATE de naissance	DATE d'entrée dans l'Administration	DATE de la dernière nomination	RÉSIDENCE
7711	Huynh-công-Vang	7 mai 1877	1er sept. 1906	1er janvier 1923	K. Brigade active Pnom-Penh

Mécaniciens de 3ème classe
(Solde annuelle : 528$00)

N° matricule	NOMS	DATE de naissance	DATE d'entrée dans l'Administration	DATE de la dernière nomination	RÉSIDENCE
5203	Tchao-tchang Poo	20 nov. 1879	1er déc. 1902	1er juillet 1918	T. Chaloupe « Vinh »
8493	Phan-van-Yên	1886	10 déc. 1908	1er janvier 1921	C. Flottille Saigon
10117	Nguyên-nhu-Mon	5 déc. 1897	6 avril 1921	1er janvier 1923	T. 3e Circ. d'Insp. Nam-Dinh

N° matricule	NOMS	DATE de naissance	DATE d'entrée dans l'Administration	DATE de la dernière nomination	RÉSIDENCE

Mécaniciens de 4ème classe
(Solde annuelle : 450 $ 00)

N° matricule	NOMS	DATE de naissance	DATE d'entrée dans l'Administration	DATE de la dernière nomination	RÉSIDENCE
9696	Trân-viêt-Dinh .	1888	11 août 1915	8 mai 1919	T. Chaloupe « Vinh »
9793	Nguyên-van-Phuc	16 août 1888	1er octobre 1916	1er mai 1920	T. Chaloupe « Vinh »
10073	Luong-kam-Foc .	15 déc. 1890	1er août 1920	1er août 1920	T. Chaloupe « Inga »
2805	Pham-van-My . .	1891	6 nov. 1916	1er juillet 1921	T. Canot automobile N° 3
10194	Dinh-van-Ca. . .	15 octobre 1889	9 nov. 1921	9 nov. 1921	C. Flottille Saigon
10602	Nguyên-van-Diêu.	15 juillet 1897	27 mai 1919	13 janvier 1922	K. Chaloupe (Choben)
10207	Vong-Tsune. . .	1883	8 février 1922	8 février 1922	T. Chaloupe (Vinh)
8819	Ng.-van-Chuong.	1890	janvier 1910	24 avril 1922	C. Ateliers Flottille Saigon
10262	Nguyên-nhu-Phi .	17 avril 1896	20 juillet 1922	20 juillet 1922	T. Chaloupe (Tuyên-Quang
10288	To dinh-An . . .	1897	22 nov. 1922	22 nov. 1922	T. Canot automobile Haiphong
10289	Ng.-van-Huong dit Hai.	25 déc. 1897	6 déc. 1922	6 déc. 1922	T. Ateliers Flottille Haiphong

No matricule	NOMS	DATE de naissance		DATE d'entrée dans l'Administration		DATE de la dernière nomination		RÉSIDENCE

Aides-mécaniciens

(Solde annuelle : 360 $ 00)

No matricule	NOMS	DATE de naissance		DATE d'entrée dans l'Administration		DATE de la dernière nomination		RÉSIDENCE
10195	Lê-van-Giong	24 déc.	1891	9 nov.	1921	9 nov.	1921	C. Chaloupe (Samit)
10228	Nguyên-van-Phan	15 nov.	1897	16 mars	1922	16 mars	1922	A. B. C. Tourane (comme chauffeur
10237	Trân-doan-Don	5 mai	1895	22 juin	1922	22 juin	1922	T. Chaloupe (Espadon)

N° matricule	NOMS	DATE de naissance	DATE d'entrée dans l'Administration	DATE de la dernière nomination	RÉSIDENCE
	Chauffeurs principaux de 1ère classe (Solde annuelle : 528 $ 00)				
5349	Nguyên-quang-Se.	1867	25 février 1903	1er mai 1920	T. Chaloupe « Joffrette »
	Chauffeurs principaux de 2ème classe (Solde annuelle : 450 $ 00)				
8306	Duong-van Sau .	1881	2 juin 1908	1er janvier 1920	T. Chaloupe «Laokay»
8778	Trân-duc-Quy .	12 juin 1882	9 nov. 1909	1er janvier 1922	T. Chaloupe (Vinh)

N° matricule	NOMS	DATE de naissance	DATE d'entrée dans l'Administration	DATE de la dernière nomination	RÉSIDENCE

Chauffeurs principaux de 3ème classe
(Solde annuelle : 360 $ 00)

Chauffeurs de 1ère classe
(Solde annuelle : 324 $ 00)

Chauffeurs de 2ème classe
(Solde annuelle : 270 $ 00)

Chauffeurs de 3ème classe
(Solde annuelle : 216 $ 00)

N° matricule	NOMS	DATE de naissance	DATE d'entrée dans l'Administration	DATE de la dernière nomination	RÉSIDENCE
10016	Trân-dinh-Nam.	nov. 1894	11 juillet 1919	11 juillet 1919	T. Chaloupe « Espadon »
10112	Nguyên van-Quoi.	22 février 1896	21 février 1921	21 avril 1922	K. Chaloupe « Choben »

N° matricule	N O M S	DATE de naissance	DATE d'entrée dans l'Administration	DATE de la dernière nomination	RÉSIDENCE

TIMONERIE

Patrons pilotes chefs
(Solde   annuelle :   762 $ 00)

N° matricule	N O M S	DATE de naissance	DATE d'entrée dans l'Administration	DATE de la dernière nomination	RÉSIDENCE
2217	Trân-van-Con . .	1865	16 janvier 1898	1er juillet 1917	T. Chaloupe « Espadon»
7842	Tac-Fou . . . ,	27 sept. 1869	17 février 1907	20 juin 1922	T. Chaloupe « Espadon»

Patrons-pilotes de 1ère classe
(Solde annuelle : 684 $ 00)

N° matricule	N O M S	DATE de naissance	DATE d'entrée dans l'Administration	DATE de la dernière nomination	RÉSIDENCE
2227	Dô-van-Loan . .	1867	2e sem. 1896	1re juillet 1919	T. Chaloupe « Inga»

No matricule	NOMS	DATE de naissance	DATE d'entrée dans l'Administration	DATE de la dernière nomination	RÉSIDENCE
		Patrons-pilotes de 2e classe (Solde annuelle : 606 $ 00)			
2288	Nguyên-van-Tao .	15 août 1870	30 juin 1892	1er juillet 1922	T. Chaloupe « Vinh »
		Doi-patrons de 1ère classe (Solde annuelle : 528 $ 00)			
9738	Trân-ngoc Van .	13 mai 1894	15 mars 1916	1er juillet 1919	T. Chaloupe « Inga »
4187	Nghiêm-vau-Dinh.	1er mai 1867	20 juillet 1902	1er juillet 1922	A. Chaloupe « Ixora »
6914	Chuong-van-Tuyet	1880	19 juin 1905	1er janvier 1923	T. Chaloupe « Laokay »

No matricule	NOMS	DATE de naissance	DATE d'entrée dans l'Administration	DATE de la dernière nomination	RÉSIDENCE
			Daï-patrons de 2ème classe (Solde annuelle : 450 $ 00)		
3865	Tr'n-van-Muu . .	5 mars 1864	1er juin 1901	1er juillet 1919	A. Qui-nhon
9006	Vu-van-Doan. . .	1885	17 octobre 1910	—	T. Chaloupe «Joffrette»
4793	Lê-van-Soi	21 janvier 1872	26 sept. 1902	1er janvier 1921	T. Canot automobile Haiphong
9291	Lê-van-Thuong . .	17 janvier 1889	18 juin 1912	—	K. Chaloupe «Ondine»
9894	Ng.-tiên-Thanh . .	1893	6 mars 1918	—	T. Canot automobile Haiphong
3607	Nguyên-van-Xuy .	1874	4 janvier 1899	1er janvier 1922	T. Brigade active Haiphong
9722	Dao-van-Huu . . .	1892	26 janvier 1916	1er juillet 1922	T. Canot automobile Haiphong
2595	Trân-van-Chinh .	20 juin 1877	31 janvier 1899	1er janvier 1923	A. Cana (Phanrang
3134	Pham-van-Sang .	2 février 1861	6 nov. 1899	—	T. Hôdô (Hatinh)
10306	Vo-van-Giai	1887	6 janvier 1923	6 janvier 1923	K. Chaloupe (Choben

N°. matricule	NOMS	DATE de naissance	DATE d'entrée dans l'Administration	DATE de la dernière nomination	RÉSIDENCE
	Cai-patrons de 1ère classe				
	(Solde annuelle : 360 $ 00)				
2520	Nguyên-van Cung	4 octobre 1864	1er sem. 1897	1er juillet 1919	A. Traica (Bang-hoi)
4184	Tran-van-Giac . .	2 février 1875	15 octobre 1901	1er janvier 1920	A. Phanrang
2677	Tran-van-Nhon .	14 nov. 1876	1er avril 1899	1er mai 1920	A. Chaloupe «Zelée»
5278	Dao-Vinh	25 mai 1878	1er février 1903	1er janvier 1923	A. Quang-Van (Quinhon)

N° matricule	NOMS	DATE de naissance	DATE d'entrée dans l'Administration	DATE de la dernière nomination	RÉSIDENCE

Cai-patrons de 2ème classe

(Solde annuelle : 824 $ 00)

N° matricule	NOMS	DATE de naissance	DATE d'entrée dans l'Administration	DATE de la dernière nomination	RÉSIDENCE
5588	Vo-dang-Y . . .	16 avril 1868	1er juin 1903	1er janvier 1918	A. Duong (Phanri)
7823	Pham v.-Khuong.	18 mars 1874	31 janvier 1907	1er janvier 1919	T. Chaloupe «Vinh»
3486	Nguyên-van-Thu.	16 juillet 1869	12 janvier 1901	1er juillet 1919	A. Phanrang
7819	Lê-van-Cam. . .	4 avril 1869	9 janvier 1907	1er mai 1920	A. Cumong
5983	Ngô-van-Cong. .	11 août 1868	1er déc. 1903	—	A. An-Oan (Dégi
8707	Ngô-van-Ton. . .	8 mai 1884	20 août 1909	—	A. Entrepôt Qui-nhon
4813	Nguyên-van-Lao.	23 mai 1877	1er octobre 1902	1er juillet 1921	A. Brigade active Quinhon

N° matricule	NOMS	DATE de naissance	DATE d'entrée dans l'Administration	DATE de la dernière nomination	RÉSIDENCE
		Cai-patrons de 3ème classe (Solde annuelle : 270 $ 00)			
5233	Nguyên-van-Do	18 sept 1870	1er janvier 1903	1er janvier 1919	A. Cumong
9284	Trân-van-Su	1er février 1887	3 mai 1912	15 nov. 1919	A. Chaloupe « Ixora »
8939	Lê-van-Huan	15 janvier 1884	8 juillet 1910	1er janvier 1920	A. Quinhon
9631	Vu ba-Tat	1er mars 1890	15 déc. 1914	1er janvier 1921	A. Quinhon
5650	Dô-van-Thung dit Thuân	21 avril 1871	16 juin 1903	—	A. Phanrang
9668	Hoang-van-Nhuoc	12 nov. 1892	12 avril 1915	—	T. Chaloupe « Inga »
4454	Pham-van That	4 janvier 1877	1er avril 1902	26 mai 1921	A. Honecohé
7726	Vo-van-Tap	12 nov. 1877	1er octobre 1906	1er juillet 1921	A. Chaloupe « Ixora »

N° matricule	NOMS	DATE de naissance	DATE d'entrée dans l'Administration	DATE de la dernière nomination	RÉSIDENCE
	Cai-patrons de 4ᵉᵐᵉ classe (Solde annuelle: 216 $ 00)				
8983	Nguyên-van-Mua .	20 octobre 1885	3 sept. 1910	1er janvier 1920	A. Distillerie Quinhon
9450	Pham-Kiêt . . .	20 juillet 1887	21 juillet 1913	1er janvier 1921	A. Nhatrang
9765	Trân-dinh-Kiêm .	9 mars 1893	12 juin 1916	—	T. Chaloupe « Vinh »
9852	Pham-Cam . . .	15 juin 1892	31 juillet 1917	1er janvier 1923	A. Cumong

N. atricule	NOMS	DATE de naissance	DATE d'entrée dans l'Administration	DATE de la dernière nomination	RÉSIDENCE

Matelots de 1ère classe
(Solde annuelle : 198 $ 00)

N. atricule	NOMS	DATE de naissance	DATE d'entrée dans l'Administration	DATE de la dernière nomination	RÉSIDENCE
9947	Lê-truong-Khuê	10 déc. 1898	12 nov. 1918	1er janvier 1922	A. Brigade active Tourane

N° matricule	NOMS	DATE de naissance	DATE d'entrée dans l'Administration	DATE de la dernière nomination	RÉSIDENCE
	Matelots de 2ème classe (Solde annuelle : 180 $ 00)				
10124	Nguyên-van-Gai	1894	6 avril 1921	1er janvier 1923	K. Chaloupe « Choben »

No matricule	NOMS	DATE de naissance	DATE d'entrée dans l'Administration	DATE de la dernière nomination	RÉSIDENCE
		Matelots de 3ème classe (Solde annuelle : 162 $ 00)			
10229	Luu-van-Hoa. .	1894	16 mars 1922	16 mars 1922	T. Chaloupe « Vinh»
10230	Nguyên-van-Manh	1891	—	—	C. Service actif Saigon
10231	Quan-huu-Kinh .	1901	20 avril 1922	20 avril 1922	C. Service général Saigon
10232	Ng.-van Chinh. .	20 sept. 1898	—	—	C. Cap-Saint-Jacques
10263	Nguyên-van The.	1898	20 juillet 1922	20 juillet 1922	T. Chaloupe « Espadon »
10264	Nguyên-xuân-Ru	1895	7 août 1922	7 août 1922	C. Chaloupe « Lynx »
10265	Dô-xuân-Gia. .	1894	11 août 1922	11 août 1922	K. Chaloupe « ondine »
10287	Nguyên-van-Tung.	1896	15 nov. 1922	15 nov. 1922	C. Service actif Saigon

N° matricule	N O M S	DATE de naissance	DATE d'entrée dans l'Administration	DATE de la dernière nomination	RÉSIDENCE

Matelots de 3ème classe
(Solde annuelle: 162 $ 00)
(suite)

N° matricule	N O M S	DATE de naissance	DATE d'entrée dans l'Administration	DATE de la dernière nomination	RÉSIDENCE

Matelots de 3ème classe
(Solde annuelle: 162 $ 00)
(suite)

N° matricule	NOMS	DATE de naissance	DATE d'entrée dans l'Administration	DATE de la dernière nomination	RÉSIDENCE

PERSONNEL OUVRIER

MANUFACTURE D'OPIUM

Chefs de manipulation de 1ère classe
(Solde annuelle : 996$00)

N° matricule	NOMS	DATE de naissance	DATE d'entrée dans l'Administration	DATE de la dernière nomination	RÉSIDENCE
4910	Hung-Van . .	1855	1882	1er janvier 1913	C. Manufacture d'opium Saigon
4913	Chau-Tho . . .	1866	mars 1884	1er janvier 1918	C. — d° —

Chefs de manipulation de 2ème classe
(Solde annuelle : 918 $ 00)

Chefs de manipulation de 3ème classe
(Solde annuelle : 840 $ 00)

N° matricule	NOMS	DATE de naissance	DATE d'entrée dans l'Administration	DATE de la dernière nomination	RÉSIDENCE
4917	Ngô-dac-Dinh . .	1860	janvier 1893	1er janvier 1922	C. Manufacture d'opium Saigon
4916	Quang-Duong. . .	1853	1893	—	C. — d° —
4919	Au-Duong . . .	1862	janvier 1893	1er janvier 1923	C. — d° —

No matricule	NOMS	DATE de naissance	DATE d'entrée dans l'Administration	DATE de la dernière nomination	RÉSIDENCE
			Sergents de 1ère classe (Solde annuelle : 762 $ 00)		
4920	Chau-canh-Hoan .	1859	dec. 1894	1er mai 1920	C Manuf. d'opium Saigon
4930	Chau-Xuong . . .	1862	sept. 1888	1er juillet 1921	C — d· —
4932	Hung-Thai . . .	1874	juillet 1896	1er janvier 1922	C. — d· —
4926	Dung-Hoa . . .	1876	octobre 1894	—	C. — d· —
4934	Tang-Phat . . .	1854	nov, 1894	1er janvier 1923	C. — d· —
			Sergents de 2ème classe (Solde annuelle : 684$00)		
4933	Huynh-Tri . . .	1871	sept. 1894	1er mai 1920	C. Manuf. d'opium Saigon
4928	Tieu-Xan. . . .	1873	avril 1883	1er juillet 1921	C. — d· —
4937	Au-De.	1872	déc. 1893	—	C. — d· —
4931	Luu-Tri	1865	déc. 1896	1er janvier 1922	C. — d· —
4935	Hong-An	1866	avril 1898	—	C. — d· —
4944	Lu Mau	1866	1901	1er janvier 1923	C. — d· —
4938	Tràn-Quoi . . .	1868	avril 1900	—	C. — d· —
4954	Chau-Trong. . .	1864	août 1892	—	C. — d· —

No matricule	NOMS	DATE de naissance	DATE d'entrée dans l'Administration	DATE de la dernière nomination	RÉSIDENCE
			Caporaux de 1ère classe		
			(Solde annuelle : 606 $ 00)		
4955	Trân-Hung . . .	1868	1899	1er mai 1920	C. Manuf. d'opium Saigon
4959	Ly-Tinh	1873	mars 1899	—	C. — d. —
4965	Lê-Chuong . . .	1870	1898	—	C. — d. —
4951	Luu-Hai	1867	mars 1894	—	C. — d. —
4964	Vuong-Cam . . .	1855	nov. 1899	1er juillet 1921	C. — d. —
4958	Trân-Dien . . .	1872	octobre 1897	—	C. — d. —
4976	Tang-Binh . . .	1884	1900	—	C. — d. —
5853	Lam-Phuoc . . .	1860	1er nov. 1903	—	C. — d. —
			Caporaux de 2ème classe		
			(Solde annuelle : 528 $ 00)		
5857	Ta-Cao	1878	1er nov. 1903	1er janvier 1920	C. Manuf. d'opium Saigon
7005	Chau-Xan . . .	1872	1er août 1905	1er mai 1920	C. — d. —
8167	Laou-Khi . . .	1875	1er nov. 1907	1er janvier 1922	C. — d. —

N° matricule	NOMS	DATE de naissance	DATE d'entrée dans l'Administration	DATE de la dernière nomination	RÉSIDENCE

Bouilleurs de 1ère classe

(Solde annuelle : 450 $ 00)

N° matricule	NOMS	DATE de naissance	DATE d'entrée dans l'Administration	DATE de la dernière nomination	RÉSIDENCE
8531	Ly-Tho . . .	1889	1er janvier 1909	1er janvier 1920	C. Manuf. d'opium Saigon
8260	Dang Dinh . .	1891	1er avril 1908	—	C. —
8657	Ly-Huu . . .	1894	1er juillet 1909	1er mai 1920	C. —
8261	Trân-Kim . .	1864	1er avril 1908	1er juillet 1921	C. —
8656	Trân-Thanh .	1862	1er juin 1909	—	C. —

N° matricule	NOMS	DATE de naissance	DATE d'entrée dans l'Administration	DATE de la dernière nomination	RÉSIDENCE

ATELIERS ET MAGASINS

Sous-chefs d'atelier de 1ère classe
(Solde annuelle : 996 $ 00)

N° matricule	NOMS	DATE de naissance	DATE d'entrée dans l'Administration	DATE de la dernière nomination	RÉSIDENCE
5106	Trân-van-Dong.	1871	déc. 1889	1er janvier 1920	C. Ateliers Flottille Saigon
5079	Lê-van-Buu . .	10 mai 1871	déc. 1894	1er mai 1920	C. Manuf. d'opium Saigon
6266	Huynh v. Buong .	25 mai 1876	1er juin 1904	1er juillet 1921	C. Ateliers Flottille Saigon
9181	Nguyên-van-Minh	1878	21 août 1911	1er janvier 1922	C. — d —
9180	Nguyên-van-Hai .	15 octobre 1877	21 août 1911	1er janvier 1923	C. Chaloupe « Bonite »

Sous chefs d'atelier de 2ème classe
(Solde annuelle : 902 $ 00)

N° matricule	NOMS	DATE de naissance	DATE d'entrée dans l'Administration	DATE de la dernière nomination	RÉSIDENCE
6661	Nguyên van-Hau .	14 juin 1861	1er février 1905	1er janvier 1920	C. Ateliers Flottille Saigon
8621	Nguyên-van Hue .	7 mars 1874	10 mai 1909	1er mai 1920	C. Binh-Tay (Cholon)
8893	Pham-dinh-Sanh .	1885	18 avril 1910	1er juillet 1921	T. Ateliers Haiphong

No. matricule	NOMS	DATE de naissance	DATE d'entrée dans l'Administration	DATE de la dernière nomination	RÉSIDENCE
	Sous chefs d'atelier de 3ème classe (Solde annuelle : 832 $ 20)				
7401	Truong-dé-Phung.	1878	1er janvier 1906	1er mai 1920	C. Ateliers Flottil-le Saigon
7871	Pham-van-Dong. .	1869	30 mars 1907	1er janvier 19..3	T. Ateliers Hai-phong
	Ouvriers chefs de 1ère classe (Solde annuelle : 762 $ 00)				
8266	Luong Moc . .	1887	er mai 1908	1er janvier 1920	C. Ateliers Flottil-le Saigon
5127	Trân-nhu-Ngoc. .	1866	mars 1899	1er janvier ..22	T. Ateliers Hai-phong
7768	Nguyên-van-Hoai.	1880	1er nov. 19.6	1er janvier 1923	K. Ateliers Pnom-Penh
	Ouvriers-Chefs de 2ème classe (Solde annuelle : 668 $ 40)				
4996	Bui-van-Huot . .	1879	octobre 1896	1er mai 1920	C. Manuf. d'opium Saigon
6404	Nguyên-van-Suu.	15 mai 1878	1er sept. 1904	1er juillet 1921	C. Ateliers Flottille Saigon
4903	Nguyên-van Quoi.	1869	1894	1er janvier 1922	C. Manuf. d'opium Saigon

Nº matricule	NOMS	DATE de naissance	DATE d'entrée dans l'Administration	DATE de la dernière nomination	RÉSIDENCE
			Ouvriers chefs de 3ème classe (Solde annuelle : 598 $ 20)		
6267	Luong-Tu. . . .	1875	1er juin 1904	1er juillet 1919	C. Binh-Tay (Cholon)
9179	Luong-Ha. . . .	1888	1er août 1911	1er janvier 1919	C. Manuf. d'opium Saigon Interruption de services: 5 mois et 10 jours
5004	Lê-van-Suu . . .	1871	oct. 1899	1er juillet 1921	C. Manuf. d'opium Saigon
5001	Nguyên-van-Loi .	1880	nov 1893	1er janvier 1923	— d· —
			Ouvriers chefs de 4ème classe (Solde annuelle : 528 $ 00)		
4999	Nguyên-van-Mang	1869	nov. 1898	1er juillet 1919	C. Manuf. d'opium Saigon
10019	Truong tong-Huê.	1899	1er août 1919	1er août 1919	C. — d· —
6666	Trân-van-Ho. . .	1872	1er février 1905	1er janvier 1920	C. Vedette « Ibis »
8839	Nguyên-van-Vi. .	1870	1er mars 1910	1er mai 1920	C. Manuf. d'opium Saigon
5042	Nguyên-van-Viêt.	1862	1898	1er juillet 1921	C. — d· —
6463	Huynh-van-Tro. .	1875	1er oct. 1904	— d· —	C. — d· —
5057	Lê-van-Hiêu. . .	2 janvier 1880	1896	1er janvier 1922	C. — d· —
5206	Pham-van-Gian .	1865	23 déc. 1902	1er janvier 1923	T. Ateliers Haiphong

N° matricule	NOMS	DATE de naissance	DATE d'entrée dans l'Administration	DATE de la dernière nomination	RÉSIDENCE

Ouvriers principaux de 1ère classe
(Solde annuelle : 481 $ 20)

N° matricule	NOMS	DATE de naissance	DATE d'entrée dans l'Administration	DATE de la dernière nomination	RÉSIDENCE
4985	Trân-van-Tu . . .	1879	1902	1er janvier 1920	C. Manuf. d'opium Saigon
7683	Haddy-Rahisse . .	1854	1er octobre 1906	1er mai 1920	C. — d· —
4979	Nguyên-v.-Nghia .	1878	1901	1er juillet 1921	C. — d· —
8818	Truong-van-Luog.	1890	janvier 1910	1er janvier 1922	C. Ateliers Flottille Saigon
5135	Trân-van-At. . .	1865	2e sem. 1890	1er janvier 1923	T. Ateliers Haiphong

Ouvriers principaux de 2ème classe
(Solde annuelle : 457$80)

N° matricule	NOMS	DATE de naissance	DATE d'entrée dans l'Administration	DATE de la dernière nomination	RÉSIDENCE
6061	Nguyên-van-Buu .	1884	1er mars 1904	1er janvier 1919	C. Chaloupe « Mouette »
8267	Nguyên-van-Ut. .	1861	1er mai 1908	1er mai 1920	C. Manuf. d'opium Saigon
5141	Ype-sec-Yu . . .	1870	janvier 1899	1er juillet 1921	T. Ateliers Haiphong
5130	Vu xuan-Luc. . .	1874	juillet 1899	1er janvier 1922	T. — d· —
7559	Ngô-van-Vang . .	1867	15 juin 1906	—	C. Manuf. d'opium Saigon
5134	Trân-van-To . .	1870	2e sem. 1892	1er janvier 1923	T. Ateliers Haiphong
5137	Pham-van-Ap. . .	5 janvier 1876	janvier 1899	—	T. — d· —

No matricule	NOMS	DATE de naissance	DATE d'entrée dans l'Administration	DATE de la dernière nomination	RÉSIDENCE

Ouvriers principaux de 3ème classe
(Solde annuelle : 132 $ 00)

No matricule	NOMS	DATE de naissance	DATE d'entrée dans l'Administration	DATE de la dernière nomination	RÉSIDENCE
5051	Lê-van Phat . .	1865	février 1900	1er juillet 1919	C. Manuf. d opium Saigon
8727	Mamoud	1871	1er octobre 1909	—	C. — d —
5136	Luu dinh-Vuong .	1877	2e sem 1898	1er juillet 1921	T. Ateliers Haiphong
5779	Nguyên-van-Tron.	25. mars 1881	1er sept. 1903	1er janvier 1922	C. Manuf. d'opium Saigon
6019	Pham-van-Bieu. .	1885	1er février 1904	1er janvier 1923	C. — d —
7498	Mat-do-Tu . . .	1er janvier 1880	1er juin 1906	—	A. Brigade active Tourane

Ouvriers de 1ère classe
(Solde annuelle : 405 $ 00)

No matricule	NOMS	DATE de naissance	DATE d'entrée dans l'Administration	DATE de la dernière nomination	RÉSIDENCE
5570	Vo-van-Mach . .	20 juin 1878	16 juin 1903	1er janvier 1920	C. Manuf. d'opium Saigon
7789	Nguyên-van-Suc.	1878	1er janvier 1907	1er mai 1920	T. Ateliers Haiphong
6071	Trinh-van-Len. .	1883	1er mars 1904	1er juillet 1921	C. Manuf. d'opium Saigon
7788	Vu-van-Ninh. . .	1858	1er janvier 1907	—	T. Ateliers Haiphong
8176	Nguyên-van Phi .	1876	1er nov. 1907	—	C. Manuf. d'opium Saigon
8846	Trân-van-Phuong.	1888	1er mars 1910	1er janvier 1922	C. — d —
10018	Trân-van-Ham. .	nov. 1893	1er juillet 1919	—	T Ateliers Flottille Haiphong
6582	Nguyên-duc-Dong	10 mai 1871	28 déc. 1904	1er janvier 1923	T. Magasin ppal Haiphong
9900	Nguyên-khac-Doc.	1890	1er avril 1918	—	T. Ateliers Haiphong

N° matricule	NOMS	DATE de naissance	DATE d'entrée dans l'Administration	DATE de la dernière nomination	RÉSIDENCE

Ouvriers de 2ème classe

(Solde annuelle : 378 $ 00)

N° matricule	NOMS	DATE de naissance	DATE d'entrée dans l'Administration	DATE de la dernière nomination	RÉSIDENCE
5211	Bui van-Biem . .	1873	1e. janvier 1903	1er janvier 1919	T. Ateliers Haiphong
5148	Cao-van-Vi. . . .	22 mai 1861	16 octobre 1902	1er mai 1920	T. Magasin p^{pal} Haiphong
10060	Pham van Phong.	15 déc. 1895	21 avril 1920	1er janvier 1923	T. Ateliers Haiphong

Ouvriers de 3ème classe

(Solde annuelle : 351 $ 00)

N° matricule	NOMS	DATE de naissance	DATE d'entrée dans l'Administration	DATE de la dernière nomination	RÉSIDENCE
9759	Nguyên van-Mia	1893	12 mai 1916	1er mai 1920	C. Manuf. d'opium Saïgon
9806	Nguyên-van-Xe.	1892	6 nov. 1916	1er juillet 1921	C. — d· —
7373	Lê-van-Biêu . .	1890	1er mars 1906	—	C. — d· —
10025	Nguyên-van-Can	10 mars 1894	1er août 1919	1er janvier 1922	C. — d· —
10020	Nguyên-van-No.	1892	—	—	C. — d· —

No matricule	NOMS	DATE de naissance	DATE d'entrée dans l'Administration	DATE de la dernière nomination	RÉSIDENCE
			Ouvriers de 4ème classe (Solde annuelle : 297 $ 00)		
7996	Nguyên-van-Truc.	10 octobre 1888	9 sept 1907	1er janvier 1918	T. Magasin ppal Haïphong
8187	Nguyên-van-Lang.	1895	er nov. 1907	1er janvier 1920	C. Parti volont. en France
10043	Lu-si-Chiêm. . .	20 avril 1897	1er déc. 1919	1er janvier 1923	C. Manuf. d'opium Saigon
			Ouvriers de 5ème classe (Solde annuelle : 270 $ 00)		
9944	Nguyên-van-Gao.	1er août 1897	17 sept 1918	1er janvier 1922	C. Manuf. d'opium Saigon
10024	Tô-van-But . . .	15 juin 1899	1er août 1919	1er janvier 1923	C. — d· —
			Ouvriers de 6ème classe (Solde annuelle : 243 $ 00)		
10044	Bui-van-Chuoc.	15 mars 1894	1er déc. 1919	1er déc. 1919	C. Manuf. d'opium Saigon

N· matricule	NOMS	DATE de naissance	DATE d'entrée dans l'Administration	DATE de la dernière nomination	RÉSIDENCE
		Femmes journalières de 1ère classe			
		(Solde annuelle : 189 $ 00)			
8968	Nguyên-thi-Hai . .	20 déc. 1871	16 août 1910	1er janvier 1917	C. Vérification Saigon
9367	Nguyên-thi-Liêu .	1880	10 nov. 1912	1er janvier 1920	C. — d —
6174	Nguyên-thi-Hai . .	1870	10 avril 1904	1er juil'et 1921	T. Brigade active Haiphong
9363	Trân-thi-Thon . .	1874	août 1912	1er janvier 1923	T. Laokay

N° matricule	NOMS	GRADES	DATE de naissance	DATE d'entrée dans l'Administration	DATE de la dernière nomination
		PERSONNEL EN DISPONIBILITÉ			
8134	Ng.-phan-Long.	Commis ppal de 2e classe	22 juin 1889	1er janvier 1908	C. 1er juil. 1921
10 37	Dô-dinh-Quy.	Secrét. de 6e cl.	22 janvier 1896	6 nov. 1919	A. 1er janv. 1922
10196	Dô-van-Xung.	Secrét. stagiaire	20 déc. 1901	23 nov. 1921	T. 23 nov. 1921
6732	Nguyên-van-Luoc.	Survt. de 1ère cl.	25 avril 1877	15 mars 1905	C 1er janv. 1919
9465	Nguyên-van Giu	Survt. de 4e classe	1892	22 août 1913	C. 1er mai 1920
9976	Lê-tan-Lam.	Garde de 1ère cl.	15 juin 1898	24 février 1919	C. 1er anv. 1923
9850	Nguyên-van-Diên	Garde de 2e classe	1893	27 juillet 1917	A. 1er janv. 1919
8722	Huynh-Kiêu.	Ouvrier-chef de 3e classe	1861	1er octobre 1909	C. 1er juil. 1919
10022	Bui-van-Deo.	Ouvrier de 5e cl.	1895	1er août 1919	C. 1er août 1919
9817	Nguyên-van-Ba.	Survt. de 4e classe	1892	20 janvier 1907	C. 1er janv. 1922

N° matricule	NOMS	GRADES	DATE de naissance	DATE d'entrée dans l'Administration	DATE de la dernière nomination

PERSONNEL EN DISPONIBILITÉ

(suite)

Certifié conforme au tirage.
S'élevant à quatre cent
cinquante exemplaires
Hanoï le 2f. Septembre 1928.